高校体育文化建设与大学生体育健康研究

GAOXIAO TIYU WENHUA JIANSHE
YU DAXUESHENG TIYU JIANKANG YANJIU

彭涛 吴惠宇 陶斌 著

大连出版社
DALIAN PUBLISHING HOUSE

© 彭涛 吴惠宇 陶斌 2025

图书在版编目（CIP）数据

高校体育文化建设与大学生体育健康研究 / 彭涛，吴惠宇，陶斌著. -- 大连：大连出版社，2025.7.
ISBN 978-7-5505-2476-7
　Ⅰ. G807.4；G647.9
中国国家版本馆CIP数据核字第2025Y7S067号

出 品 人：	王延生
策划编辑：	曹红波
责任编辑：	曹红波　钟晓晨
封面设计：	林　洋
责任校对：	王洪梅
责任印制：	温天悦

出版发行者：	大连出版社
地　　址：	大连市西岗区东北路161号
邮　　编：	116016
电　　话：	0411-83620245 / 83620573
传　　真：	0411-83610391
网　　址：	http://www.dlmpm.com
邮　　箱：	dlcbs@dlmpm.com
印 刷 者：	大连市东晟印刷有限公司

幅面尺寸：	185 mm × 260 mm
印　　张：	12
字　　数：	220千字
出版时间：	2025年7月第1版
印刷时间：	2025年7月第1次印刷
书　　号：	ISBN 978-7-5505-2476-7
定　　价：	60.00元

版权所有　　侵权必究
如有印装质量问题，请与印厂联系调换。电话：0411-87835817

前言

在当今社会快速发展的背景下,随着健康观念的日益深化,体育活动作为一种促进个体身心健康、提升生活质量的重要途径,已经在高校教育体系中占据了举足轻重的地位。体育文化的蓬勃发展,正逐渐成为推动大学生实现全面成长的重要驱动力。体育文化,超越了体育活动的直观展现,它深刻蕴含着体育精神的精髓、体育价值观的导向,以及与之紧密相连的社会文化背景和深层次内涵。

在高等教育环境中,体育文化不仅体现在丰富多彩的体育活动与竞赛之中,更蕴含在大学生对体育精神的领悟与践行、对体育价值观的认同与传承之中。它以一种潜移默化的方式,提高着大学生的身心素质,培养着他们的团队精神、竞争意识、毅力品质及社会责任感。因此,深化对高校体育文化的研究与推广,对于促进大学生的全面发展、提升高等教育质量,以及推动社会文化的进步都具有深远意义。高校体育文化的构建与发展,其重要性不仅在于提升大学生的身体素质与健康状况,更对大学生思想道德体系的塑造、综合素养的培育以及社会责任感的强化方面发挥着不可估量的深远作用。然而,随着我国社会经济的不断发展,大学生群体中逐渐浮现参与体育活动的积极性不高、体质健康状况欠佳等问题,这对高校教育的整体质量与大学生的全面发展造成了一定影响。

具体而言,体育活动的参与度不足与体质健康水平的下滑,不仅影响大学生个体的身心健康与生活质量,更深层次地反映出高校在体育教育、文化引导及学生综合素质培养方面所面临的挑战。因此,加强高校体育文化建设,提升大学生的体育活动参与度,改善大学生的体质健康状况,不仅是促进大学生个体全面发展的迫切需求，也是提升高等教育质量、培养具有社会责任感与时代担当的高素质人才的重要路径。因此，高等教育改革面临着一项重要课题：如何在高校内构建具有鲜明时代特征的体育文化体系，并利用这一文化体系有效提升大学生的体育健康水平。进一步而言，如何通过高校体育文化的深入引导与全面建设，来增强大学生的健康认知，激发其积极参与体育锻炼的热情，进而推动其体质的全方位提高，已成为当前高等教育领域亟待解决的问题。

在这一进程中，高校体育文化的构建不仅需要紧跟时代步伐，融合现代元素，更需要深入挖掘其内在价值，发挥其对大学生体育行为的积极影响。通过体育文化的熏陶与引导，促使大学生树立正确的健康观念，养成良好的体育锻炼习惯，从而在根本上提升体质健康水平，为高等教育的全面发展奠定坚实的基础。

本书第一章，从理论维度深入剖析，详细阐释了体育文化的本质含义及其在高校教育体系中所扮演的关键角色。该章节深入探讨了体育文化与教育培育功能之间的紧密联系，明晰了体育文化在促进大学生健康意识觉醒、引导大学生树立科学体育观念与健康生活理念方面的重要作用。

第二章将焦点转向高校体育文化建设的发展方向，系统论述了体育精神文化、体育物质文化及体育制度文化三大核心组成部分。通过对这三者的深入探讨，旨在为高校体育文化建设的实践提供理论指导与方向指引。

第三章致力于探讨高校体育文化建设的融合发展，详细分析了高校体育文化与课程体系、校园文化以及社团、竞赛之间的相互作用与共同构建过程。该章节着重强调了体育文化在高校整体文化生态中的核心地位，以及其在促进高校文化多元化、提升校园文化品质方面的重要作用，从而进一步揭示了高校体育文化建设融合发展的深远意义。

第四章聚焦于高校体育文化传播与体系构建，特别是在新媒体技术迅猛发展与生态体育理念日益普及的双重背景下，深入探究了如何借助现代信息传播手段，高效推广体育文化，进而构建出符合当代高校实际需求、具有鲜明时代特色的体育文化体系。

第五章与第六章分别从不同角度对大学生体育运动与体质健康进行了深入探

讨。第五章着重分析了大学体育与大学生体质健康促进的关系，以及大学生体育运动及效果监督、大学生体育运动的损伤预防与急救原则。第六章进一步探讨了如何通过科学合理的锻炼方法，有效提升大学生体质健康，为他们的全面发展奠定坚实基础。

第七章从策略探讨的层面出发，针对当前高校体育健康工作中存在的问题与挑战，提出了一系列具有前瞻性和可操作性的建议。这些建议涵盖了大学生体育与健康素养的提升、"互联网+"背景下大学生体质健康管理等多个方面，旨在为高校体育健康工作的实践提供具体而明确的指导思路，推动大学生体育健康水平的全面提升。

本书旨在进一步加速体育文化在高校教育体系中的深度融合与蓬勃发展，为新时代背景下大学生的健康成长与全面发展贡献积极力量。笔者坚信，通过体育文化的滋养与熏陶，高校能够培养出身心健康、素质全面的优秀大学生，为社会的进步与发展注入新的活力。

与此同时，热切期盼与广大教育工作者、体育文化领域的专家学者携手并进，共同探寻体育文化建设的新思路、新路径。希望通过集思广益、群策群力，不断推动大学生体育健康水平的持续提升，为高校教育的全面发展注入强劲动力。相信在大家的共同努力下，一定能够开创高校体育文化建设的新局面，为培养更多优秀的体育人才、推动高校教育的繁荣发展作出积极贡献。

目 录

第一章 高校体育文化概述 / 1
  第一节 体育文化与高校体育文化 / 1
  第二节 高校体育文化的育人功能 / 8
  第三节 体育文化促进大学生的健康意识 / 12

第二章 高校体育文化建设的发展方向 / 18
  第一节 高校体育精神文化建设 / 18
  第二节 高校体育物质文化建设 / 24
  第三节 高校体育制度文化建设 / 28

第三章 高校体育文化建设的融合发展 / 39
  第一节 高校体育文化与课程体系的融合 / 39
  第二节 高校体育文化与校园文化的融合 / 48
  第三节 高校体育文化与社团、竞赛的融合 / 53
  第四节 高校校园体育文化的环境建设与发展 / 59

第四章 高校体育文化传播与体系构建 / 62
  第一节 高校体育文化记忆的活态传承 / 63
  第二节 大学生群体体育文化的圈层化传播 / 69
  第三节 新媒体环境下高校体育文化的传播路径 / 78
  第四节 生态体育背景下校园体育文化的体系构建 / 83

第五章　大学生体育运动 / 92

　　第一节　大学体育 / 92

　　第二节　大学生体育运动及效果监督 / 98

　　第三节　大学生体育运动的损伤预防与急救原则 / 105

第六章　大学生体质健康与科学锻炼 / 109

　　第一节　大学生体质健康与科学锻炼行为 / 109

　　第二节　大学生科学锻炼原则及运动处方 / 119

　　第三节　大学生科学锻炼与素质发展方向 / 129

第七章　大学生体育健康的促进策略探讨 / 144

　　第一节　大学生体育与健康素养的提升 / 144

　　第二节　"互联网+"背景下大学生体质健康管理 / 157

　　第三节　健康中国背景下的大学生体育生活化路径 / 168

参考文献 / 179

第一章　高校体育文化概述

高校体育文化，作为校园文化不可或缺的关键要素，不仅肩负着体育精神这一宝贵财富的传承与发扬的重任，而且对大学生群体的身心健康及全面发展产生了深远且积极的影响。本章将深入剖析体育文化与高校体育文化之间的内在联系，揭示高校体育文化在人才培养过程中的独特育人功能，探讨体育文化如何有效激发大学生的健康意识，并进一步讨论其如何为构建一个充满活力、健康向上的校园环境提供坚实的支撑与保障。

我们将从体育精神的内涵与外延出发，探讨其如何在高校体育文化中得以体现与传承，进而分析高校体育文化在塑造大学生人格品质、提升大学生身心健康水平、促进大学生综合素质全面发展等方面所发挥的重要作用。同时，我们还将重点关注体育文化在培养大学生健康意识方面的独特价值，探讨如何通过丰富多彩的体育活动与文化传播，引导大学生树立正确的健康观念、积极参与体育锻炼，为构建健康、和谐、积极向上的校园文化氛围贡献力量。

第一节　体育文化与高校体育文化

一、体育文化

（一）体育文化的性质

体育文化是在各类体育活动与体育现象中孕育而生的，集社会性思想、观念、价值观、行为规范及制度体系等要素于一体的综合体现。它蕴含着推动进取性道德与竞争意识形成的强大力量，因此，体育文化不仅价值斐然，而且值得我们大力弘扬与传承。

体育文化在塑造个体性格、克服负面心态方面发挥着举足轻重的作用。它能够帮助那些缺乏竞争意识的个体挣脱自卑、懦弱等不良心态的束缚，进而促进个人乃至整个民族身体素质与精神品质的双重提升，为民族生命力注入不竭动力。这种积极作用，不仅对社会的和谐与进步具有深远意义，更为当前社会改革与现代化建设的顺利推进提供了强有力的支撑。

具体而言，体育文化展现出以下显著性质。

1. 体育文化的民族性

人类文化兼具普遍性与独特性，而这种文化上的差异正是各民族民族性的集中展现。生活在不同地域的人类群体，基于各自独特的历史背景、生活环境与生存智慧，创造出丰富多彩、各具魅力的文化形态。这些文化形态不仅塑造了拥有不同文化标识的群体特征，而且深刻地影响着这些群体的生活方式、思维习惯及价值观念。

体育文化的民族性是人类文化多样性的重要体现之一，它根植于各民族独特的历史进程、风土人情、生产条件及地理环境之中，与民族的心理、语言、性格紧密相连，形成了各具特色的体育文化模式。每一种体育文化都是其民族智慧的结晶，反映了该民族的生活方式和价值观念。同时，体育文化的民族性并非封闭自守，而是在发展到一定程度时，会超越民族界限，与其他体育文化进行交流与融合。但这种交流与融合并未改变其核心，反而使民族体育文化在保持特色的同时，更加丰富多彩，展现出独特的魅力与生命力。

2. 体育文化的人类性

体育文化的人类性体现在一种超越民族与地域的普遍特质，这种特质源于人类共同的理性基础与普遍需求，使体育文化能够跨越文化界限，被不同民族理解与接受。体育不仅是一种竞技活动，更承载着人类共同的价值观，如公平竞争、团结协作和自我超越，这些价值观使体育文化具有高度的包容性，成为不同民族之间沟通与交流的重要桥梁。

在全球化背景下，各民族的体育文化既展现自身特色，又在交流融合中形成共鸣。奥运会、世界杯等国际体育赛事正是体育文化人类性的生动体现。不同国家和地区的运动员在同一赛场上竞技,不仅展现团队与个人的风采,也促进了民族之间的交流与理解,这种超越语言和文化障碍的互动,使体育文化成为连接不同民族心灵的纽带。

体育文化的人类性还表现在对个体生命力的激发和对社会价值的塑造上。无论地域如何变化,体育运动所传递的健康理念、拼搏与奋斗精神,始终是人类社会共同推崇的价值观。在体育文化的影响下,人们能够形成积极向上的生活态度,并在合作与竞争中寻找共同目标,这种超越国界的精神认同,使体育成为全人类共享的文化财富。

3. 体育文化的时代性

文化是一种具有独特的内容、表现形式及本质属性的存在,故而能够鲜明地展现出所处时代的特色与风貌。纵观历史长河,随着社会的不断演变与进步,体育所蕴含的价值观与核心理念亦随之发生变迁。在不同的历史时期,体育的价值导向与思想精髓往往与当时社会的政治、经济、文化等背景紧密相连,呈现出鲜明的时代烙印与阶段性特征。

具体而言,在某一历史时期,体育可能被视为增强民族凝聚力、提升国民身体素质的重要途径;而在另一时期,体育在促进个体全面发展、培养健康生活理念等方面更受重视。这种随着时代变迁而发生的体育价值观与理念的转变,不仅反映了社会对于体育功能的多元化需求,也体现了体育文化在传承与创新中的动态发展。

体育文化的民族性与时代性之间存在着密切的关联,它们并非相互排斥,而是构成同一文化内部的两种不同维度。具体而言,体育文化的民族性是时代性不可或缺的组成部分,而体育文化的时代性也在一定程度上蕴含着民族性的元素。这两者在不同层面、不同角度上共同作用于体育文化的发展轨迹,既相互独立,又相辅相成,共同塑造了体育文化丰富多彩的面貌。

4. 体育文化的继承性

继承性作为体育文化的一个重要属性,彰显了体育文化在历经漫长历史变迁后,仍能保留并传承某些核心特质与固有属性的能力。任何一种文化,包括体育文化,都是人类在历史长河中智慧与创造力的结晶,是人类文明不断进步与积累的成果。

由于人类文化本身具备强大的传播力与深远的历史积淀性,体育文化得以借助图像、文字记载、口头传说以及语言交流等多种方式,在社会价值体系与人类意识领域中实现跨时代的传承与发展。这种传承不仅是对体育文化精髓的保留与弘扬,更是对人类历史记忆与文化认同的强化与深化。因此,继承性不仅是体育文化生命力的体现,也是其能够跨越时空界限、持续影响人类社会发展的重要因素。

随着岁月的流逝，竞技体育活动的数量呈现出持续增长的态势，其形式也日益多样化，展现出蓬勃的生命力。体育文化的继承性，不局限于传统的竞技体育活动之中，而是通过各种多元化的媒介与新颖的形式，得到了更为广泛而深远的传承与弘扬。

具体而言，体育文化在继承传统精髓的基础上，不断融入新的元素与创意，通过电视转播、网络平台、社交媒体等多种现代传播手段，以及体育赛事、体育活动、体育教育等多种表现形式，实现了跨地域、跨文化的交流与传播。这种传承与发扬的方式，不仅丰富了体育文化的内涵与外延，还增强了体育文化在不同历史阶段和社会环境中的适应性与生命力，确保了体育文化能够在时间的长河中绵延不绝，持续发展。

（二）体育文化与社会发展

体育文化是社会文化进步历程中的一个显著标志。社会的发展进步，既离不开生产力的持续提升，也离不开生产关系的日益完善与优化。体育运动所秉持的核心原则之一——公正与平等原则，通过各类体育赛事的广泛举办与深入影响，已经逐渐渗透到社会成员的日常生活中，成为人们广泛接受并内化于心的重要价值观。

在现代社会的文明演进过程中，公正与平等不仅是衡量社会进步的关键标尺，也是推动社会文化不断前行的重要动力。体育文化正是通过深入践行这些基本原则，促进了体育领域内部的健康发展，并在更广阔的层面上，对社会文化的整体进步与社会价值观的积极导向产生了深远影响。通过体育文化的传播与熏陶，社会成员对于公正与平等的认知与追求得以不断提高，进而为社会的和谐稳定与持续发展奠定了坚实的文化基础。

体育文化所倡导的团结、尊重与合作等精神，不仅在国际关系的增进上发挥着积极作用，更为推动构建人类命运共同体的重要理念注入了强大动力。借助体育交流的桥梁作用，不同国家和地区能够打破文化隔阂，增进相互间的沟通与理解，加深彼此间的信任与友谊，从而为全社会的和谐发展与共同进步奠定了坚实的基础。

因此，体育文化在国内社会发展中的深远影响不容忽视，同时，它也为全球文化交流与国际合作深化提供了独特的平台。通过体育这一世界共通的语言，各国人民能够更加直观地感受彼此的文化魅力，增进相互的尊重与认知，从而为促进全球文化的多样性与包容性发展，以及国际社会的和谐稳定与繁荣发展贡献出不可或缺的力量。

二、高校体育文化

（一）高校体育文化的内涵

高校体育文化作为一个独具魅力的文化系统，植根于高校这一独特的空间范畴之内，以广大师生群体为核心参与者，借助身体活动与体育运动的基本媒介，通过丰富多彩的体育活动形式，充分展现了别具一格的表达方式。这一文化体系呈现出鲜明的集体性特质，深刻体现了高校师生在体育运动中所形成的价值观、行为准则与精神风貌。

具体而言，高校体育文化不仅涵盖了各类体育课程、运动训练与竞赛活动，还渗透于师生的日常生活与校园文化之中，成为连接师生情感、促进身心健康、培养团队精神与集体荣誉感的重要途径。在这一文化体系的熏陶下，师生通过共同参与体育活动，不仅增强了体质、磨炼了意志，还加深了对体育精神的理解与认同，进一步推动了高校体育文化的繁荣发展。

（二）高校体育文化的本质

高校体育文化并非一个瞬间形成的产物，而是在特定的历史脉络中，高校为实现其教育宗旨，经过长期的文化积淀与创新，逐步构建起来的。在这个过程中，高校巧妙地利用体育活动这一载体，将众多对师生成长具有积极意义的文化要素，渗透并融入高校日常生活的每一个细节之中。这一独特的文化体系，不仅丰富了高校的文化内涵，还促进了师生之间的深度交流与相互理解，为构建和谐、积极向上的校园文化氛围奠定了坚实的基础。

高校体育文化是由高校师生携手共创并普遍认同的一套价值体系，它蕴含着深厚的凝聚力与强大的感召力，成为连接师生心灵的桥梁。在高校这一独特环境中，体育精神作为核心要素，塑造了师生间共同的理想愿景、价值导向与行为规范，构建了一个和谐统一的精神家园。

在这一文化氛围的浸润与熏陶之下，师生不仅形成了强烈的身份认同感、使命责任感与集体荣誉感，还孕育出了一种紧密相连的集体意识。这种集体意识不仅在体育活动的日常实践中得到了充分的展现与验证，更在无形中为整个高校环境注入了源源不断的正能量与积极向上的动力。它激励着师生携手并进、共同奋斗，为高校的繁荣发展贡献着自己的力量，同时也为社会的进步与文明的提升贡献着独特的价值。

（三）高校体育文化的内容

高校体育文化作为一种群体性文化现象，其载体为高校，而学生与教师是这一文化的主要参与者与创造者。通过形式多样的体育活动，高校体育文化展现出了别具一格的表达方式。它不仅是高校文化体系中的一个重要组成部分，更是体育文化在教育领域内的深度渗透与具体展现。

在这一文化体系中，身体锻炼不仅是提升师生体质、磨炼意志的重要手段，更是促进师生间情感交流、增强集体凝聚力的重要途径。通过参与各类体育项目，师生不仅能够体验到运动的乐趣与挑战，更能在团队合作与竞技比拼中，培养出坚韧不拔的精神风貌与积极向上的生活态度。因此，高校体育文化不仅丰富了高校文化的内涵与外延，更为教育领域的体育事业发展注入了新的活力与动力。

高校体育文化作为高校文化与体育文化两大文化体系交汇融合的独特产物，展现出了两者相互影响、深度交融并共同促进发展的显著特征。在高校中，体育活动不仅仅局限于身体锻炼的范畴，更是传递高校精神与文化价值的重要载体。

具体而言，高校体育活动在强健师生体魄的同时，更深层次地承载着塑造师生集体意识、培养师生集体荣誉感以及增强师生社会责任感的使命。通过参与体育活动，师生能够在团队合作与竞技比拼中，深刻体会到集体力量的伟大，进而形成强烈的集体归属感与荣誉感。同时，体育活动所蕴含的公平竞争、坚持不懈等精神品质，也潜移默化地影响着师生的价值观念与行为准则。

（四）高校体育文化的特征

1. 高校体育文化的指导性

高校体育活动的开展并非杂乱无章或随心所欲，而是在高校体育文化的明确引领下，遵循着既定的方向与清晰的目标稳步前行。高校体育文化，这一概念并非空洞抽象，而是蕴含着丰富的实践内涵与深远的意义的，它如同灯塔一般，为高校体育活动的组织与实施提供了重要的导向与指引。

具体而言，高校体育文化通过独特的价值理念、行为准则与精神风貌，深刻地影响着高校体育活动的每一个环节。它不仅为体育活动的规划与设计提供了清晰的思路与方向，更为师生在体育活动中的行为表现与情感体验设定了明确的标杆与参照。因此，高校体育文化具有鲜明的指导性特征，推动了高校体育活动健康有序发展、促进师生身心健康与综合素质全面提升。

2. 高校体育文化的表现性

社会文化的表现与传承方式呈现出多样化的特征，各种文化形态借助各自独特的传播媒介来实现表达与传递。然而，在漫长的传承历程中，不少文化形式的核心理念逐渐变得模糊与抽象，难以被清晰地把握与理解。与之形成鲜明对比的是，高校体育文化在表现性方面具有突出的特点，它依托于身体运动这一生动直观的形式，来实现文化的传承与表达。

在高校体育文化的广阔天地中，不同的体育项目和运动方式犹如一幅幅丰富多彩的画卷，以特有的动作语言与表现形式，展现出各具魅力的身体表现。这些身体表现不仅蕴含着丰富的文化内涵与价值观念，更在无形中塑造着师生的身心素质与精神风貌。通过参与体育活动，师生能够在身体力行中深刻体会到高校体育文化的独特魅力与深远意义，从而进一步推动这一文化的传承与发展。

高校体育文化的表现方式并不仅限于身体运动的形态，更在语言表述与行为规范中得到了充分的体现。从身体运动的层面来看，动作的精准技巧、运动模式的规范化，以及语言的导向与指导作用，共同编织成了高校体育文化传递的立体网络。这一多维度的展现模式，让高校体育文化能够以生动且具体的方式得以传承，对每位师生的体育习惯与文化理解产生了深远的影响。

3. 高校体育文化的传承性

高校体育文化的传承性，体现在体育文化跨越不同历史时期的持续演进与蓬勃发展之中，同时也展现在它如何有效地从传统民族体育文化中提炼精髓，并将其巧妙地融入现代高校体育教育体系的实践中。无论是回溯历史长河，还是审视当前的高校体育文化建设现状，我们都能鲜明地观察到体育文化在过去与现在之间所展现出的传承脉络与深刻印迹。

这种传承不仅体现在体育技能、运动规则与体育精神的延续上，更深刻地反映在体育文化对于高校师生价值观念、行为模式以及生活方式的影响与塑造之中。它如同一座桥梁，连接着历史的记忆与未来的愿景，使高校体育文化在时间的长河中不断焕发新的生机与活力，为高校教育的全面发展与文化繁荣贡献着独特的力量。

高校体育文化的传承性，更体现在教育哲学与价值观的代代相传。从往昔到当下的流转与承继中，高校体育不仅确保了文化历史脉络的连贯性，更使其在不断更迭的社会环境中寻得了新的生存与发展的沃土。

在这一传承过程中，高校体育文化不仅保留了传统体育项目中的精髓与特色，更在教育理念与价值观上实现了跨越时代的共鸣与传承。它如同一股不息的溪流，穿越历史的长河，将体育精神的火种代代相传，同时又在新的时代背景下焕发出勃勃生机。这种传承，不仅是对历史的尊重与延续，更是对未来的期许与展望，为高校体育文化的繁荣发展注入了不竭的动力与活力。

4.高校体育文化的多样性

高校体育文化的多样性，其根源主要在于体育教育需求的日益多样化以及体育活动形式的广泛丰富。随着社会的不断进步，体育教育已远远超越了单纯的技能培养的范畴，转而肩负起培养学生体育精神、提升学生体育认知以及促进学生身心健康全面发展的综合使命。在此背景下，全国各高校积极响应，纷纷推出形式多样、内容繁多的体育文化活动，通过融合多元化的体育实践与理论研习，进一步丰富了高校体育文化的内涵与外延。

这些活动不仅涵盖了传统的体育竞技项目，还融入了新兴的运动形式与理念，为师生提供了广阔的参与平台与体验空间。通过参与这些活动，学生不仅能够在实践中锤炼技能、增强体质，更能在理论上深化对体育精神的理解与认同，从而全面提升自身的体育素养与综合素质。这一过程，不仅促进了高校体育文化的多元化发展，更为培养具有全面能力的高素质人才奠定了坚实的基础。

第二节　高校体育文化的育人功能

一、高校体育文化的健身和强心功能

体育，作为身体教育的核心学科，在维护个体健康、塑造优美体态方面展现出了卓越的贡献。而由体育运动所衍生出的体育文化，当它与高校教育体系相融合时，不仅能够有效地强化师生体质、增进师生健康，还发挥着缓解紧张情绪、驱散焦虑与抑郁情绪等心理困扰的重要作用。高校体育文化，作为教育体系中的重要一环，承载着

深远的育人使命，为体育强国战略的稳步实施提供了坚实的人才支撑与智力保障。

（一）高校体育文化的健身功能

体育运动在促进人体各系统器官的生长与发育方面扮演着至关重要的角色，对于优化体形亦有着显著的效果。在参与体育运动的过程中，身体的各器官得以接收到全面而充分的运动刺激，这种刺激不仅促进了器官内部组织的生长发育，还进一步增强了结构与功能的完善性。

具体而言，体育运动通过加速血液循环、增强肌肉力量、提高骨骼密度等多种方式，为身体各器官提供了更为充足的营养与氧气供应，从而促进它们的功能提升。此外，体育运动还能够调节内分泌系统，促进激素的正常分泌，为身体各器官的正常运作提供有力的支持。因此，体育运动不仅是塑造优美体形的有效途径，更是维护身体健康、提升生命质量的重要手段。

（二）高校体育文化的强心功能

高校体育运动在增进师生身体健康的同时，也对其心理健康产生了积极而深远的影响。具体而言，体育运动所蕴含的心理效益，在舒缓压力、调节情绪及促进心理健康方面彰显出显著成效。

通过参与高校体育运动，师生能够在紧张的学习与工作之余，得到身心的放松与愉悦。体育运动不仅能够促进大脑释放内啡肽等物质，从而有效缓解压力、减轻焦虑情绪，还能够通过调节自主神经系统，帮助个体达到情绪的稳定与平衡。此外，体育运动还能够增强个体的自信心与自我效能感，进一步提升其面对挑战与困难时的心理韧性。因此，高校体育运动在促进强心功能方面，发挥着不可替代的作用。

参与体育竞赛活动，不仅能够显著提升个体的身体抗压能力，还能有效缓解心理脆弱状态，锤炼出坚不可摧的意志力。在竞赛的激烈对抗中，参与者会遭遇种种挑战与刺激，这一过程充满了未知与变数，特别是在面对强劲对手时，情绪往往会在兴奋与紧张之间剧烈波动。这种情绪的起伏，实质上是对个体心理承受力的一次考验，它促使参与者在不断应对挑战的过程中，逐渐提高应对压力的能力，使心理承受力得以增强。

长期投身体育竞赛活动，不仅是对身体极限的挑战，更是对心理韧性的深度磨砺。在无数次的胜利与失败中，参与者会逐渐培养出坚韧不拔的意志品质，以及积极向上的社会型人格特质。这种经历，有助于个体在面对生活中的种种困难与挑战时，能够保持冷静与乐观，从而促进个人心理的成熟与稳定。因此，体育竞赛活动在促进个体身心健康全面发展方面，具有不可估量的价值。

二、高校体育文化的激励和导向功能

高校体育文化在培育身心健康方面成效显著，同时，在激发内在动力、挖掘个体潜能以及塑造价值观念、指引人生等方面亦展现出卓越的作用。它不仅能够有效促进师生在体育技能与身体素质上的提升，更在心理层面激发了他们追求卓越、勇于挑战的动力。

通过参与高校体育运动，个体的内在动机得到充分激发，潜能也在不断地挑战与突破中被深入挖掘。此外，高校体育文化还承载着塑造师生正确的世界观、人生观、价值观的重要使命，通过体育精神的传递与体育运动的实践，引导师生树立正确的人生方向，明确人生目标，为他们的全面发展奠定了坚实的基础。

（一）高校体育文化的激励功能

高校体育文化的激励功能，主要体现在通过丰富多彩的体育运动、深入人心的体育精神以及广泛传播的体育文化理念与实践，来激发大学生的内在动力、创新潜能及积极向上的生活态度，进而推动他们身心的全面发展与个性化成长进程。

在这一过程中，体育运动不仅为大学生提供了展示自我、挑战自我的平台，更通过体育精神的熏陶与感染，激发了他们追求卓越、勇于探索的精神风貌。同时，体育文化的广泛传播与实践，也促使大学生在参与中深化对体育精神的理解与认同，进一步坚定了他们积极向上的生活信念与成长目标。因此，高校体育文化的激励作用，对于促进大学生的全面发展与个性化成长具有深远意义。

（二）高校体育文化的导向功能

高校体育文化凭借其鼓舞人心的价值观、倡导广泛参与的世界观以及追求身心和谐的健身理念，有力地引领高校师生迈向乐观向上的精神高地。在当前的社会环境中，高校亟须借助积极向上的文化力量，通过正面的文化导向，为师生提供坚实的精神支撑，以有效抵御外界不良因素的侵扰与负面影响。

在这一过程中，高校体育文化不仅扮演着精神引领的角色，更成为一种强大的内在动力，激励着师生不断追求自我提升与全面发展。通过积极参与体育活动，师生不仅能够在身体层面得到锻炼与强健，更能在精神层面获得愉悦与充实，从而更加坚定地走向积极向上的人生道路。因此，高校应高度重视体育文化的建设与传播，充分发挥其对师生精神的导向功能。

三、高校体育文化的规范和德育功能

规范性作为高校体育文化的标志性特点，其规范作用在育人功能上占据着举足轻重的地位。从规矩到范式，再由范式到品德，高校体育文化在培养人的过程中，始终将道德品质的塑造置于首要位置。

在这一过程中，高校体育文化通过一系列规章制度与行为准则的设立，为师生提供了明确的行为导向与价值参照。这些规矩与范式，不仅规范了师生的体育行为，更在潜移默化中塑造了他们的道德品质与价值观念。通过参与体育活动、体验体育文化，师生能够在实践中深化对道德规范的理解与认同，进而将之内化为自身的行为准则与价值取向。

（一）高校体育文化的规范功能

规范功能主要体现为，师生在日常的学习与生活中，无时无刻不在接受着高校体育文化潜移默化的熏陶与培育。在这一过程中，体育文化的力量渗透至师生个人的思维观念、价值认知以及道德行为等多个层面，进而以一种难以察觉却又深刻持久的方式，对师生的思想观念进行引导，对价值判断进行塑造，对道德行为进行规范与约束。

具体而言，高校体育文化通过其独特精神内涵与行为规范，对师生的思想意识产生了深远影响，促使他们在面对各种情境时能够自觉遵循一定的价值导向与行为准则。这种规范与约束，并非外在的强制力量，而是内化于心的自觉行动，是高校体育文化在师生心中生根发芽、开花结果的必然体现。高校体育文化的规范功能，是育人功能中不可或缺的组成部分，对于促进师生全面发展、营造和谐校园文化氛围具有重要意义。

（二）高校体育文化的德育功能

高校体育文化在道德教育领域内扮演着举足轻重的角色，尤其在对师生的道德品质、道德追求及行为准则的塑造上，其影响力深远而持久。道德教育的精髓，在于将道德理念转化为实际行动，而体育运动正是这一转化过程中不可或缺的桥梁与纽带。高校体育文化以物质文化的外在形式为载体，通过一系列看似简洁明了实则意蕴深厚的规则与制度，于无形中渗透着道德教育的精髓，对师生的行为习惯产生了潜移默化的影响。

德育功能不仅规范了师生在体育活动中的行为举止，更在潜移默化中引导着师生将道德理念内化于心、外化于行，从而在日常的学习与生活中自觉践行道德规范，形成高尚的道德品质与良好的行为习惯。因此，高校体育文化德育功能的独特作用不容忽视，它是促进师生全面发展、构建和谐校园文化的重要力量。

第三节　体育文化促进大学生的健康意识

一、体育文化提升大学生的健康知识水平

体育文化不仅是高校精神风貌与体育氛围的生动展现，也是健康知识普及与传播的关键媒介。在高校这一知识殿堂中，体育文化与健康教育实现了深度融合，借助丰富多样的实践活动与严谨扎实的科学理论，为大学生搭建起一座全面了解健康生活方式理念的桥梁，促使他们将这些宝贵的知识与理念内化为自身的行为准则，进而转化为自觉的行动。

在这一过程中，体育文化以独特的魅力与影响力，激发着大学生对健康生活的热爱与追求。通过参与体育活动、体验体育精神，大学生不仅能够获得身体上的锻炼与强健，更能在心灵深处受到健康理念的熏陶与启迪。同时，健康教育的科学引导，也为大学生提供了正确的健康认知与行为指南，帮助他们在日常生活中作出更加健康、科学的选择。因此，体育文化与健康教育的结合，对于培养大学生健康生活方式、提升身心发展水平具有深远的意义。

（一）体育课程为大学生提供系统的健康教育

体育课程成为大学生获取健康知识与提升健康意识的关键路径。在这一教学平台上，体育教师不仅悉心传授运动技巧与体能训练策略，更将运动生理学、营养学等一系列相关学科的前沿知识融入课程之中，深入浅出地向大学生剖析身体在运动过程中所经历的种种生理变化与能量代谢机制。

在学习体育课程的过程中，大学生不仅能够掌握实用的运动技能与科学的训练方

法，更能够在教师的引导下，逐步构建起对健康与运动的全面认知体系。运动生理学知识的引入，使大学生得以从细胞、组织、器官乃至系统等多个层面，深入理解运动对身体结构与功能的影响；而营养学知识的讲解，则帮助他们认识到合理膳食对于维持身体健康、提升运动表现的重要性。因此，体育课程不仅传授了运动技能，还引领了大学生走向健康生活。

（二）体育赛事中的健康教育与宣传

除了常规的体育课程与日常活动外，体育赛事同样成为大学生获取健康知识与提升健康意识的重要平台。在各类规模庞大、影响深远的校内外体育赛事中，赛事主办方往往充分借助赛事的广泛影响力与关注度，精心策划并实施一系列健康知识的普及与宣传活动。这些精心设计的活动，不仅通过直观、生动的展示方式，使大学生在视觉与感官层面得到全面的体验，而且为大学生提供了全面、系统的健康知识教育。

在体育赛事的筹备与进行过程中，主办方通过悬挂横幅、设置展板、发放宣传册等多种形式，将健康知识巧妙地融入体育赛事的各个环节之中。这些宣传形式不仅丰富了体育赛事的文化内涵，更使得健康意识在大学生群体中得到了有效的传播与深化。通过参与体育赛事，大学生不仅能够在竞技场上挥洒汗水、展现风采，更能够在健康知识的海洋中畅游，不断提升自身的健康素养与生活质量。

（三）体育文化创造健康的校园氛围

体育文化借助形式多样、内容丰富的体育活动，为校园营造了一种浓郁的健康环境，有效推动了大学生健康理念的广泛传播与深入渗透。体育文化的广泛普及，借助了校园媒体、社交平台等多元化渠道的力量。这些传播媒介不仅覆盖范围广泛，而且具备高度的精准性与互动性，能够迅速吸引大学生的眼球并激发他们的参与热情。

通过这些高效便捷的传播平台，学生可以随时随地获取到最新、最全的健康知识与运动资讯。这些资讯涵盖了运动技能、健康饮食、疾病预防等多个方面，且以图文、视频等多种形式呈现，使得大学生在轻松愉悦的氛围中学习到实用的健康知识。同时，这些平台也成为大学生交流心得、分享经验的重要场所，他们在互动中相互启发、共同进步，逐渐在日常生活中养成健康的生活习惯，为自身的全面发展奠定坚实基础。

二、体育文化培养大学生的健康行为习惯

体育文化在提升大学生健康知识素养方面发挥着重要作用，同时也在潜移默化中塑造着他们健康的行为习惯。这一行为习惯的形成，不仅对大学生的身体健康状况产生深远影响，更在无形中促进了他们心理层面的成熟与社会适应能力的增强。

通过体育文化的熏陶与引导，大学生能够逐渐形成规律运动、合理膳食、充足睡眠等一系列健康的生活习惯。这些习惯不仅有助于他们保持良好的身体状态，预防疾病的发生，更在心理层面带来了积极的变化，如增强自信心、减轻压力、提升情绪稳定性等。此外，健康的行为习惯还为大学生提供了更多与他人交流互动的机会，促进了他们社交技能的提升与人际关系的和谐，从而进一步增强了他们的社会适应能力。

因此，体育文化在大学生健康教育与成长发展中扮演着不可或缺的角色，在健康行为习惯的养成上发挥着举足轻重的作用，为大学生的全面发展奠定了坚实的基础。

（一）定期参与体育锻炼对身体健康的积极影响

体育文化借助形式多样的体育活动，对大学生进行积极的引导与激励，使他们深刻认识到规律性的体育活动对于维护身体健康起着至关重要的作用。通过定期投身于体育锻炼之中，大学生不仅能够显著增强自身的心肺功能、提升血液循环效率与氧气输送能力，还能有效促进肌肉力量的增长与身体协调性的提升。这些生理上的积极变化，不仅为他们带来了更强健的体魄，更在预防和改善多种慢性疾病方面展现出了显著的效果。

规律性的体育锻炼有助于降低心血管疾病、糖尿病、肥胖症等慢性疾病的发病风险，同时对于改善心理状态、提升生活质量也具有不可忽视的作用。通过体育文化的熏陶与体育活动的实践，大学生能够逐渐形成积极健康的生活方式，这对于他们未来的发展与成长无疑具有深远的意义。因此，体育文化在大学生健康教育中具有重要作用，它不仅是提升大学生身体素质的有效途径，更是培养他们健康生活理念与良好生活习惯的关键所在。

（二）体育文化引导健康行为

体育文化的内涵远远超越了身体锻炼这单一维度，它借助多元化的文化与教育策略，积极引导大学生构建更加全面、系统的健康行为模式。在校园内，丰富多彩的体育活动，诸如篮球赛事、健身训练以及户外探险等，以独特的竞技魅力与趣味性，成

功吸引了广大大学生的热情参与，使得体育运动成为一种广受欢迎的社交媒介与娱乐方式。

这些活动不仅为大学生提供了展示自我、挑战极限的舞台，更在轻松、愉快的氛围中促进了彼此间的深入交流与情感联结。特别是团队运动项目要求参与者在共同的目标下紧密协作、相互支持，从而在实践中锻炼大学生的团队协作能力，深化他们对集体荣誉的认识与追求。与此同时，这些活动也潜移默化地培养了大学生的规则意识、竞争意识以及面对挑战时坚韧不拔的精神，为他们的全面发展奠定了坚实的基础。因此，体育文化在引导大学生养成健康行为习惯、提升综合素质方面发挥着不可替代的作用。

（三）体育文化中的规则意识和健康意识的相互促进

体育文化中的规则意识构成了培养大学生健康意识的关键一环。在各类体育竞赛与日常锻炼的实践中，大学生被要求严格遵守一系列详尽的比赛规程、运动准则以及安全防范措施。这种对规则的深刻认知与自觉遵循，不仅为他们高效、安全地参与体育活动提供了有力保障，更在潜移默化中对其社会行为模式产生了深远的正面影响。

通过规则意识的培养，他们逐渐意识到，健康绝非仅仅局限于身体层面的良好状态，更是一种积极向上、规范有序的生活方式与社会行为的综合体现。在这一过程中，大学生学会了将规则意识内化于心、外化于行，不仅在体育领域内展现出良好的风貌，更在日常生活中以健康的行为模式影响着周围的人，共同营造了一个更加和谐、健康的校园环境。

三、体育文化对大学生心理健康的积极影响

体育文化在促进大学生身心健康方面发挥着举足轻重的作用，不仅对他们的身体健康有着显著的益处，更在心理健康方面产生了深远且积极的效应。通过参与丰富多彩的体育活动，大学生不仅能够在体能上得到锻炼与提升，更能在心灵上获得滋养与成长。

体育文化通过提供多样化的运动形式与竞技平台，使大学生在享受运动乐趣的同时，有效缓解了学业与生活带来的压力与焦虑情绪。这些活动不仅促进了他们身体机能的改善与免疫力的增强，更在无形中培养了他们坚韧不拔的意志、乐观的心态以及

积极向上的生活态度。因此，体育文化在塑造大学生全面健康、和谐发展方面扮演着不可或缺的角色，为他们的成长与发展奠定了坚实的基础。

（一）体育锻炼可以缓解压力，促进情绪调节

在大学阶段的学习生涯中，大学生常常面临着来自学业、就业以及社交等多方面的压力，这些压力往往导致他们陷入精神紧张、焦虑乃至抑郁的情绪困境。

体育锻炼可以转移这些压力，这样不仅有助于大学生暂时忘却烦恼，更在生理与心理层面产生了积极的双重调节作用。经过体育锻炼，大学生往往能够以更加积极、乐观的心态去迎接生活中的挑战，展现出更加坚韧不拔的精神风貌。

（二）体育文化培养积极向上的心态

体育文化通过弘扬正面的竞技理念、强调团队协作与勇于自我突破的精神，成功培养了大学生积极向上、奋发向前的心态。体育活动中所蕴含的挑战性与竞争性元素，驱使参与者不断寻求自我超越、克服重重难关。这一过程不仅磨砺了他们的意志品质，更在无形中树立了他们的自信心，培养了他们在逆境中坚韧不拔、不轻言放弃的宝贵品质。这些积极心理要素与精神风貌特征，对大学生心理健康大有裨益。它教会大学生在面对生活与学业的压力与挑战时，能够保持内心的平和与冷静，学会有效地调控自身情绪，以理智与稳健的姿态去迎接每一个难关。通过参与体育活动，大学生逐渐学会了如何在挑战中寻找机遇、在困境中发掘潜力，这种积极的心态与应对方式，无疑为他们未来的成长与发展奠定了坚实的基础。

（三）体育锻炼增强抗压能力与心理韧性

体育锻炼在缓解压力的同时，还能显著提升大学生的心理抗压与韧性能力。当大学生在学业与生活的压力下遭遇心理波动与情绪低谷时，体育活动成为他们重要的心理调试工具。通过系统的训练，大学生能够逐渐掌握在压力情境下保持冷静与理智的方法，从而有效提升他们的抗压能力。

在体育文化的熏陶下，大学生学会了自律与坚持，这些品质在他们的心理韧性构建中起到了关键作用。面对困境与挑战，他们不再轻易言败，而是选择调整心态，积极寻找解决问题的途径。体育活动中所要求的坚持不懈与永不言弃的精神，使大学生在心理上变得更加坚韧不拔。因此，通过体育锻炼，大学生不仅增强了体质，更在心理上获得了宝贵的成长与提升，为他们未来的学业与人生道路奠定了坚实的基础。

（四）自律和坚持不懈的精神促进健康行为的养成

在体育锻炼的过程中，大学生所展现出的自律和坚持不懈的精神，成为推动他们深化健康意识的关键力量。体育文化所倡导的是一种持之以恒、注重自我管理的锻炼理念，这种理念深刻地影响着大学生，促使他们对健康保持持久的关注与不懈的追求。

在体育活动的实践中，大学生常常需要遵循严格的训练计划，无论是每日的例行锻炼，还是每周的专项练习，都是他们提升体能、精进技术的重要途径。这一过程不仅要求他们具备高度的自律性，能够克服惰性、坚持训练，更需要他们拥有坚持不懈的精神，面对挑战不退缩、勇于突破自我。通过这种日复一日、周而复始的锻炼，大学生不仅在体能与技术上取得了显著的进步，更在心理层面培养了坚韧不拔、勇于挑战的优秀品质。这些品质与健康意识的深度融合，为他们未来的全面发展奠定了坚实的基础。

第二章　高校体育文化建设的发展方向

高校体育文化的建设是推动整个校园文化蓬勃发展的核心要素之一，其发展方向对于体育精神的传播与延续具有至关重要的影响。本章将深入探讨高校体育文化建设的三大核心领域：首先是高校体育精神文化建设，聚焦于体育精神的提炼、弘扬与传承，旨在通过精神层面的引领，激发师生对体育运动的热爱与追求；其次是高校体育物质文化建设，涉及体育设施、器材的完善与体育场馆的布局规划，旨在通过物质层面的支持为师生提供优质的体育环境与条件；最后是高校体育制度文化建设，这一领域强调体育规章制度的制定与执行，确保体育活动的有序开展与体育精神的规范和传承。通过这三方面的综合建设，高校体育文化得以全面繁荣，为校园文化的整体发展注入新的活力。

第一节　高校体育精神文化建设

一、高校体育精神文化建设的必要性与时代意义

（一）高校体育精神文化建设的必要性

在高校体育文化的深层次构建中，精神文化的建设占据着举足轻重的地位。它不仅关乎大学生体育素养的培育，更影响着校园整体文化氛围的营造。首先，它能够促进大学生体育精神的培育与弘扬。通过一系列体育活动的组织与参与，大学生能够深刻体会到体育精神的内涵与价值，进而在日常生活中展现出积极向上的精神风貌。

其次，体育精神文化建设还有助于提升高校的凝聚力与向心力。在体育文化的熏陶下，大学生能够形成共同的价值观与行为准则，从而增强彼此之间的认同感与归属感。这种凝聚力与向心力的提升，对于构建和谐、稳定的校园环境具有不可忽视的作用。

最后，体育精神文化建设也是推动高校体育事业持续发展的内在动力。它不仅能够激发大学生对体育运动的热情与兴趣，还能够为高校体育工作的改进与创新提供有力的精神支撑。

（二）高校体育精神文化建设的时代意义

在弘扬与传承民族精神的过程中，体育文化精神的建设扮演着举足轻重的角色。它致力于培养大学生的爱国精神，进一步激发他们的责任感与使命感，促使他们怀揣着为国家昌盛、民族复兴贡献力量的崇高理想而不断前行。随着健康生活理念在全社会范围内的广泛传播与深入人心，高校体育精神文化建设也应积极顺应这一时代潮流，肩负起引领青年群体走向健康生活的重任。

高校通过精心策划与组织丰富多彩的体育活动，为大学生提供了展示自我、挑战自我的舞台，更在潜移默化中向他们传递了健康生活的积极信号。这些活动鼓励大学生走出教室、走向操场，积极参与体育锻炼，从而培养良好的运动习惯与健康的生活方式。同时，高校体育精神文化建设还致力于将健康生活的理念深植于青年群体的心中，使他们认识到保持身心健康对于个人成长与国家发展的重要意义，进而自觉成为健康生活理念的倡导者与践行者。

二、高校体育精神文化建设的内容与价值

体育精神作为一种在体育领域内独特展现的文化现象，是人类精神文化宝库中一颗璀璨的明珠，它实现了对人类精神层面的深度提炼与升华。在体育活动的广阔舞台上，体育精神得以生动诠释与传承，它不仅彰显了运动员勇于拼搏、永不言败的坚韧意志，更蕴含了团队协作、相互尊重的崇高品德。这种精神力量超越了体育竞技的范畴，成为一种激励人们追求卓越、不断超越自我的强大动力。

体育精神所蕴含的独特魅力，不仅在于它能够在激烈的比赛中激发人们的潜能与斗志，更在于它能够在日常生活中引领人们树立积极向上的生活态度与价值观念。它教会我们在面对困难与挑战时保持坚韧不拔的毅力，勇于承担责任，不断追求自我完善。

因此，体育精神不仅是对人类精神文化的一次升华，也是推动社会进步与文明发展的重要力量。

（一）高校体育精神文化建设的内容

高校体育精神作为高校文化体系中不可或缺的一环，是在一系列体育活动中逐渐孕育并持续演进的精神文化瑰宝。它不仅是体育活动深层次内涵的生动展现，更是一个涵盖了广泛精神价值导向与行为规范的综合体系。在这一精神文化的熏陶下，大学生能够深刻领悟到诸如拼搏进取、团结协作、公平竞争等宝贵的体育精神价值观，并在日常的学习与生活中自觉践行这些理念。

高校体育精神的形成与发展，离不开高校体育活动的丰富实践与不断探索。在这些活动中，大学生通过亲身参与、亲身体验，逐渐将体育精神内化于心、外化于行，形成了独特的体育文化氛围。这种氛围不仅激励着大学生在体育竞技中追求卓越、勇攀高峰，更在潜移默化中塑造他们的品格与气质，为他们的全面发展奠定了坚实的基础。因此，高校体育精神不仅是高校文化的重要组成部分，更是推动大学生健康成长、全面发展的重要精神力量。

（二）高校体育精神文化建设的价值

高校体育精神所蕴含的价值导向，广泛涉及多个维度，其核心要素可归结为先进性与科学性的高度融合。这不仅体现了对体育理念与方法的创新追求，更彰显了科学理性的光辉。

在先进性的维度，高校体育精神倡导的是一种勇于探索、不断超越的进取精神。它鼓励大学生在体育活动中敢于挑战自我，追求更高的竞技水平与更完美的运动表现。这种精神不仅推动了高校体育事业的蓬勃发展，更为大学生的个人成长注入了强大的动力。

而在科学性的维度，高校体育精神强调对体育原理与规律的深刻把握与科学运用。它要求大学生在体育活动中遵循科学的训练方法，注重运动技能的提升与身体素质的全面发展。这种科学理性的态度，不仅有助于大学生在体育竞技中取得优异的成绩，更为他们未来的学习与生活奠定了坚实的基础。

高校体育精神的价值取向在先进性与科学性的双重引领下，不仅促进了高校体育事业的繁荣发展，更为大学生的全面发展提供了有力的精神支撑。

三、高校体育精神文化建设的策略

（一）创新教育方式方法，将体育精神内化为自觉意识

教育的终极意义，在于借助体育活动这一载体，充分展现个体的内在价值，并将体育精神深深植根于人的情感世界之中，进而对人的行为进行引导与规范，成为支撑个体精神世界的重要力量。鉴于此，体育教育方式方法的创新显得尤为重要，它如同一股清泉，能够激发大学生的学习兴趣与热情，促使他们积极主动地探索生活、感悟人生。

在体育教育的过程中，通过创新方式方法，不仅能够让大学生在体能与技能上得到锻炼与提升，更重要的是，能够让他们在参与体育活动的过程中，深刻体会到体育精神中所蕴含的积极向上、勇于拼搏、团结协作等宝贵品质。这些品质将逐渐内化为大学生的情感认同与行为准则，成为他们面对生活挑战时的重要精神支柱。

同时，体育教育方式方法的创新还能够激发大学生的创造力与想象力，使他们在参与体育活动的过程中，不断挑战自我、超越自我，从而培养出更加坚韧不拔、自信自强的个性品质。这些品质成为他们追求梦想、实现价值的强大动力。

（二）构建体育活动价值体系，彰显体育精神的时代价值

尽管众多高校纷纷举办形式多样的体育活动，营造出热闹非凡的氛围，但在这些活动中，部分大学生往往只停留在表面的参与与观赏，未能深入挖掘并领悟体育活动背后所蕴含的深层价值。

为了更有效地引导大学生深入理解体育精神，切实可行的策略是将体育精神进行细化分解，并将其与具体的体育活动紧密结合。通过这一方式，大学生可以在亲身参与的过程中，更加直观地感受体育精神在不同项目、不同场景中的具体体现，从而加深对这一精神内涵的理解与认同。

体育竞赛、俱乐部联盟等多种形式的体育实践活动，都可以成为体育精神价值体系构建的重要载体。例如，在竞技体育中，大学生可以通过参与校际联赛、友谊赛等赛事，切身体验拼搏进取、团结协作和公平竞争的精神。而在体育社团、企业合作项目等活动中，大学生可以通过团队协作、目标设定与克服挑战等实践环节，深刻体会体育精神在现实生活和职业发展中的积极作用。

高校还可以通过体育文化节、体育讲座、体育精神主题论坛等方式，让大学生在

理论与实践相结合的过程中,深入理解体育精神的时代价值。例如,可以邀请知名运动员、体育教育专家开展讲座,分享自身经历,让大学生更加直观地感受到体育精神所蕴含的坚韧、超越自我与团体协作的价值。同时,结合新媒体手段如短视频、直播等,传播关于体育精神的感人事迹和榜样故事,使体育精神能够更广泛地影响大学生的思想观念,增强他们的体育认同感。

在当前社会高速发展的背景下,体育精神的时代价值愈加凸显。体育不仅仅是一种竞技活动,更是一种促进社会团结、增强国民体质、塑造积极人生态度的重要路径。高校体育精神文化建设应当紧跟时代步伐,强调体育精神在培养大学生意志品质、提升大学生社会责任感和推动文化交流等方面的现实意义。构建系统化的体育活动价值体系,使体育精神真正融入高校文化建设之中,让体育成为塑造新时代大学生核心素养的重要途径。

(三)营造良好氛围,发挥体育精神的内隐式教育作用

高校体育精神作为社会文化体系中的一部分,其深远的影响力远远超越了体育课程本身,并且深刻且广泛地渗透到了大学生的日常生活中,成为一种润物细无声的教育力量。在这样一种积极向上的体育文化氛围中,大学生能够自然而然地激发出对体育活动的浓厚兴趣,进而培养出一种积极主动的运动热情。

通过参与丰富多彩的体育活动,大学生不仅能够在身体层面得到有效锻炼与提升,更能够在情感与精神层面获得深刻的体验与升华。体育活动为他们提供了一个展示自我、挑战自我的舞台,使他们在挥洒汗水、追逐梦想的过程中,感受到团队合作的力量、体验到超越自我的喜悦,从而实现了体育教育更深层次的目标。

在这一过程中,体育精神中所蕴含的拼搏进取、团结协作、尊重规则等宝贵品质,也潜移默化地影响着大学生的价值观念与行为方式。他们开始更加注重自我修养与品德培养,学会了在竞争中合作、在合作中竞争,为未来的社会生活奠定了坚实的基础。因此,高校体育精神不仅是一种体育文化的传承与发展,更是一种社会文化的丰富与升华,它在大学生的成长道路上扮演着举足轻重的角色。

高校体育精神在促进大学生身心健康发展的同时,以其独特的魅力,在构建与丰富校园文化方面扮演着举足轻重的角色。通过精心营造一种积极向上、健康有益的体育文化氛围,大学生能够在不知不觉间养成良好的体育锻炼习惯,进而树立起科学健康的生活理念。在这一过程中,高校体育精神所蕴含的诸如勇于拼搏、团结协作、勇

于创新等核心价值观念，对大学生的全面成长与长远发展起到了至关重要的引领作用。

这些价值观念不仅激励着大学生在体育竞技中追求卓越、不断突破自我，更在无形中培养了他们的团队意识与竞争精神。在参与体育活动的过程中，大学生学会了如何在团队中发挥自己的优势，如何与他人协作以达成共同目标，这些经历将成为他们未来人生道路上宝贵的财富。同时，体育精神所倡导的拼搏精神，也激励着大学生在面对学习与生活中的挑战时，能够保持坚韧不拔、勇往直前的态度，从而不断超越自我，实现个人价值的最大化。

体育精神在促进大学生身心健康、塑造校园文化以及引领大学生成长与发展方面，均发挥着不可替代的作用。因此，高校应更加重视体育精神的培养与传承，通过举办丰富多彩的体育活动，营造积极向上的体育文化氛围，为大学生的全面发展提供有力的精神支撑。

（四）将体育精神纳入校园文化建设体系，并形成长效机制

在我国的教育体系中，体育的地位相较于其他学科而言较低，这一现状在很大程度上受到了传统观念的影响。一部分家长往往将体育活动仅仅视为一种促进身体健康的手段，而忽视了其在学生精神成长方面所发挥的深远影响。近年来随着教育理念的不断更新，体育在促进学生全面发展方面的作用逐渐受到重视，但仍需进一步转变观念，深入挖掘体育在精神层面的教育潜力，以更好地服务于学生的全面成长与发展。

因此，为了推动我国体育教育的全面发展，我们需要从教育理念入手，引导家长与教育工作者充分认识到体育活动在学生精神成长方面的重要作用，从而真正实现体育教育的全面育人功能。

在校园文化的整体构建与发展过程中，将体育精神深度融入其中，并建立起一套行之有效的长效机制，对于全面增强学生的综合素养、为高校教育质量的持续提升注入鲜活动力具有深远的意义。这一举措要求我们通过持之以恒的努力，将体育精神逐步培育为校园文化不可或缺的核心要素，以此促进学生的全方位发展，进一步塑造出积极向上、健康和谐的校园文化风貌。

通过精心策划与组织实施各类体育活动，我们不仅能够使学生在参与中体验到体育精神的独特魅力，更能够引导他们在实践中深化对体育精神的理解与认同，从而将其内化为个人的价值追求与行为准则。这一过程，实质上也是校园文化不断丰富与深化的过程，它有助于构建一个既充满活力又富有内涵的校园文化生态，为学生的全面发展提供更加广阔的舞台与更加坚实的支撑。

总之,将体育精神融入校园文化建设并形成长效机制,是提升高校教育质量、促进学生全面发展的重要途径。它要求我们不仅要关注体育精神在校园文化中的显性呈现,更要注重其在学生心灵深处的隐性影响,以此推动校园文化的持续繁荣与发展。

第二节 高校体育物质文化建设

一、高校体育物质文化建设的理论遵循

(一)物质文化与体育文化的关系

物质文化与体育文化之间存在着千丝万缕的关系,它们相互作用、互为补充,共同搭建起体育文化这一庞大而复杂的体系架构。具体而言,物质文化在体育文化的宏大图景中扮演着至关重要的角色,它不仅是体育文化得以展现与传播的重要载体,更是其外在表现形式与具体实践活动的直观体现。而体育文化,则如同一股无形的力量,深深植根于物质文化之中,为其赋予了深刻的精神内涵与独特的价值意义。

深入探讨物质文化与体育文化之间的内在关系,对于我们全面把握高校体育物质文化建设的理论基础具有至关重要的意义。这一研究不仅能够帮助我们揭示物质文化在体育文化建设中的重要作用,更能够引导我们深入挖掘其背后所蕴含的精神价值与文化意蕴,从而为高校体育物质文化建设与发展提供更为坚实的理论依据与实践指导。

在这一过程中,我们需要关注物质文化与体育文化之间的动态互动与相互影响,分析它们在不同历史阶段、不同文化背景下的具体表现形式与演变规律。同时,我们还应积极探索如何将二者有机结合,以创造出更具特色、更具内涵的高校体育物质文化,为高校体育事业的蓬勃发展注入新的活力与动力。

(二)高校体育物质文化建设的理论支撑

高校体育物质文化建设的理论支撑涵盖了教育理论、文化理论、管理科学以及社会学理论等多个维度。这些理论成果不仅为高校体育物质文化的建设提供了坚实

的科学依据与明确的指导原则，更在推动其科学化、规范化的进程中发挥了不可替代的作用。

教育理论从教育学的视角出发，为高校体育物质文化的构建提供了关于人才培养、教育目标等方面的理论指导；文化理论则深入挖掘了体育物质文化背后的文化内涵与价值意蕴，为其注入了丰富的精神底蕴；管理科学强调了在体育物质文化建设过程中，应如何进行有效的规划、组织、协调与控制，以确保其高效有序地进行；而社会学理论则从社会结构、社会关系等角度，揭示了体育物质文化与社会环境之间的紧密联系，为高校体育物质文化的建设提供了更为广阔的视野与深刻的洞察。

这些理论成果相互交织、互为支撑，共同构成了高校体育物质义化建设的理论框架与指导体系，为推动其不断向前发展提供了强有力的智力支持与实践指导。

（三）高校体育物质文化与精神文化的双重属性

体育文化作为一种别具一格的社会文化形态，不仅是物质文化外在的生动展现，更蕴含了精神文化深层次的丰富意蕴。在高等教育的广阔天地里，高校体育文化以其独特的物质与精神双重特性，扮演着不可或缺且意义非凡的角色。

具体而言，高校体育文化在物质层面，通过体育设施、器材等具象化的元素，为学生提供了丰富多彩的体育活动空间与体验平台。这些物质载体不仅满足了学生进行体育锻炼的基本需求，更以其独特的设计与布局，营造出一种积极向上的体育氛围，激发着学生参与体育活动的热情与兴趣。

而在精神层面，高校体育文化则以深厚的文化底蕴与独特的价值观念，引领着学生的精神成长与价值追求。通过体育活动中的竞争与合作、挑战与超越，学生不仅能够培养起坚韧不拔、勇于拼搏的体育精神，更能够在团队合作中学会相互尊重、理解与包容，从而塑造出更加健全与完善的人格品质。

高校体育文化以其物质与精神的双重属性，在高等教育中发挥着独特而重要的作用。它不仅是学生进行体育锻炼、提升身体素质的重要平台，更是他们培养体育精神、塑造健全人格的关键途径。

二、高校体育物质文化建设的核心要素

高校体育物质文化的有效建设与推进，离不开科学的管理指导原则、恰当的方法策略应用以及稳固且持久的长效运行机制构建。确保这些要素的合理确立与有效实施，

是推动高校体育文化持续健康发展，实现其品质不断提升的关键所在。

科学的管理指导原则为高校体育物质文化的建设提供了明确的指引方向。这些原则涵盖了规划先行、资源整合、效益最大化等多个方面，确保建设过程的有序性与高效性。在此基础上，恰当的方法策略应用则是实现管理指导原则落地的具体路径。通过引入先进的管理理念与技术手段，如信息化管理、绩效评价等，可以进一步提升建设效率与质量，确保各项任务目标的顺利达成。稳固且持久的长效运行机制，则是保障高校体育物质文化建设持续发展的核心所在。这一机制不仅包括了定期的评估与反馈机制，以确保建设效果的持续优化；更涵盖了激励与约束机制，以激发各方参与建设的积极性与创造力。通过这些机制的构建与完善，可以形成一股强大的合力，推动高校体育文化在物质层面与精神层面的双重提升。

综上所述，科学的管理指导原则、恰当的方法策略应用以及稳固且持久的长效运行机制，共同构成了高校体育物质文化建设的坚实基石。它们的合理确立与有效实施，将为高校体育文化的持续健康发展提供强有力的支撑与保障。

三、高校体育物质文化建设的保障机制

在高校体育文化的全面发展进程中，体育物质文化建设的保障机制扮演着举足轻重的角色，其重要性不容忽视。一个健全且运作高效的保障机制，对于推动体育文化建设向更高层次迈进，具有至关重要的意义。

这一保障机制不仅为体育文化建设提供了坚实的物质支撑与资源保障，更在制度层面为其构建了稳固的基石。通过科学合理的资源配置、资金保障以及政策引导，保障机制确保了体育文化建设所需各项资源的充足与高效利用，为体育活动的顺利开展与体育精神的深入传播奠定了坚实的基础。

同时，这一保障机制还通过严格的监管与评估，对体育文化建设的全过程进行了全面而深入的监督与指导。通过定期的检查、评估与反馈，保障机制能够及时发现并解决建设过程中存在的问题与不足，从而不断提升体育文化建设的整体质量与效果。

综上所述，高校体育物质文化建设的保障机制在高校体育文化的整体发展中发挥着至关重要的作用。它不仅为体育文化建设提供了必要的支持与保障，更在提升体育文化建设整体水平与效果方面作出了重要贡献。因此，我们应高度重视保障机制的构

建与完善，以推动高校体育文化的持续健康发展。

四、高校体育物质文化建设的发展策略

（一）提升高校体育物质文化建设的战略高度

在推动高校体育物质文化建设的征程中，首要的一步在于深刻转变既有观念，全面深化对体育物质文化建设核心价值的认知与理解。长期以来，部分高校对体育物质文化建设的重视程度不足，在体育物质文化建设上存在短板，这已成为制约体育活动广泛开展与体育精神深入传播的障碍。

鉴于此，我们必须将树立正确且先进的体育文化观念、将体育物质文化建设提升至高校发展战略。这要求我们在高校内部广泛宣传体育文化的独特魅力与深远意义，引导广大师生深刻认识到体育物质文化在塑造校园文化氛围、提升学生身体素质、培养团队协作精神等方面发挥着不可替代的作用。

同时，我们还应将体育物质文化建设纳入高校整体发展规划之中，确保其在资源配置、资金投入、政策支持等方面得到充分的重视与倾斜。通过构建科学合理的体育设施体系，优化体育活动的组织与开展，为广大学生提供丰富多彩的体育锻炼平台与展示自我风采的舞台，从而进一步激发他们参与体育活动的热情与积极性。

综上所述，转变观念、提升认识、将体育物质文化建设提升至战略性高度，是推动高校体育物质文化建设迈上新台阶的关键所在。这一过程的实现，不仅需要我们深刻反思既有不足，更需要我们积极行动、勇于创新，以更加开放的心态与务实的举措，共同书写高校体育物质文化建设的新篇章。

（二）推动高校体育物质文化多元化发展

在探讨高校体育物质文化建设的路径时，我们应将多元化发展视为核心理念，力求在促进社会效益与经济效益的深度融合中实现双赢。在当今复杂多变的社会经济背景下，体育文化不仅是展现高校精神风貌与综合素质的窗口，更是推动社会进步与经济发展的重要引擎。

积极推动高校体育物质文化的多元化发展，意味着我们不仅要注重体育设施与活动的多样化，更要深入挖掘其背后的文化内涵与价值，以此提升体育文化的社会影响力与辐射力。通过举办丰富多彩的体育赛事、建设特色鲜明的体育场馆、推广积极向上的体育精神，高校能够向社会传递出积极健康的形象，进一步增强其社会影响力与

认可度。

体育物质文化的多元化发展也为高校带来了可观的经济效益。通过合理规划与运营体育设施，开展体育培训与赛事服务等项目，高校不仅能够实现资源的有效利用与价值的最大化，还能够为自身创造持续稳定的经济效益，为体育文化的长远发展提供坚实的物质基础。

高校体育物质文化的多元化发展不仅是提升社会文化软实力的表现形式，更是实现高校经济效益与社会效益双赢的重要途径。因此，我们应积极探索与实践多元化发展的策略与方法，以推动高校体育文化建设的持续繁荣与发展。

第三节　高校体育制度文化建设

一、高校体育制度文化的功能

高校体育制度文化作为高等教育领域内一种特殊的文化形态，深刻体现了高校教育体系中体育活动组织模式与实施策略的文化内涵。它不仅涉及体育活动在制度层面的安排与行为准则的确立，还广泛涵盖了价值导向、社会认同感的塑造以及个体成长与发展的多维度功能。因此，高校体育制度文化的构建与运行，不仅是教育体系内部文化特征的显著展现，更是促进学生综合素质全面提升的关键要素。

高校体育制度文化为体育活动的有序开展提供了坚实的指导。这些制度不仅规范了体育活动的具体流程与参与者的行为举止，更在无形中传递出一种积极向上的价值追求，激励着学生在体育活动中不断挑战自我、超越极限。同时，高校体育制度文化还通过强化社会认同感的培育，使学生在参与体育活动的过程中，深刻感受集体的力量与归属感，从而更加积极地投身集体活动中，为构建和谐校园文化贡献力量。

高校体育制度文化还致力于推动学生的个体成长与发展。通过提供多样化的体育活动平台与机会，学生在提升身体素质的同时，还能在团队合作与竞争中掌握沟通技巧，提升协作能力并培养领导力，为未来的社会生活与职业发展奠定基础。

高校体育制度文化的构建与运行，不仅是教育体系内部文化特征的重要体现，更是促进学生全面素质提升的关键所在。因此，我们应高度重视高校体育制度文化的建设与发展，以更加开放的心态与创新的思维，不断推动其向更高层次迈进。

二、高校体育制度文化建设的依据

（一）高校体育制度文化建设的长远目标

高校体育制度文化建设的长远目标在于达成高校体育文化全面且持续的发展与进步，致力于培育一批兼具强健体魄、坚韧意志与卓越体育素养的优秀人才，以此驱动高校体育文化的前行。

这一长远目标不仅要求我们在制度层面进行创新与优化，确保体育活动的有序开展与高效管理，更需要在文化层面深入挖掘体育精神的内涵与价值，以此激发学生的体育热情与参与意愿。通过构建科学合理的体育制度体系，我们能够为学生提供丰富多彩的体育锻炼平台与竞技舞台，使他们在参与体育活动的过程中，不仅锻炼身体、磨炼意志，还能在团队合作与竞争中学会沟通、协作与领导，为未来的社会生活与职业发展奠定坚实的基础。

高校体育制度文化的建设还需注重对学生体育素养的全面提升。这要求我们不仅要关注学生的运动技能与体能水平，更要重视他们的体育精神与道德品质的培养。通过加强体育伦理教育、推广体育公益活动等举措，我们能够引导学生树立正确的体育观念与价值追求，使他们在享受体育带来的快乐与成就的同时，承担起传播体育精神、推动社会进步的责任与使命。

（二）高校体育制度文化建设的战略规划

为了把握未来的发展方向，推动高校体育制度文化建设迈向新的高度，我们亟须制定一套既科学又合理的战略规划体系，清晰地制定发展的长远目标与具体的执行路径，以确保体育制度建设的稳步前行与高效落实。

在这一战略规划中，我们首先要对发展目标进行精准的定位与阐述。这要求我们不仅要深入了解当前高校体育制度文化的现状与面临的挑战，更要前瞻性地把握未来的发展趋势与机遇，设定出既具有挑战性又切实可行的长远目标。这些目标应涵盖体育制度文化的各个方面，包括制度的完善性、活动的丰富性、文化的传承性等，旨在全面提升高校体育文化的整体实力与影响力。

战略规划还需明确具体的实施路径与步骤。这包括制订详细的年度计划、明确各阶段的任务分工与责任主体、建立有效的监督与评估机制等。通过这些举措，我们能够确保体育制度文化建设的每一项工作都能够得到有序、高效的推进，从而在实现长远目标的过程中不断取得实质性的进展。

（三）高校体育制度文化建设的原则

高校体育制度文化的构建，是一项兼具系统性与复杂性的艰巨任务，它要求我们在推进过程中严格遵循科学准则，以保障制度建设的成效持续稳健地发展。

这一工作的系统性与复杂性体现在两个层面。一方面，体育制度文化涉及体育活动的组织、管理、评价等多个环节，需要我们在制度设计时充分考虑各环节的相互关联与影响，确保制度体系的完整性与协调性。另一方面，体育制度文化的建设还需兼顾不同学生的需求与特点，制定差异化的制度策略，以满足学生多样化的体育需求，促进体育文化的广泛传播与深入发展。

为了确保体育制度文化建设的有效性与可持续性，我们必须严格遵循一系列科学原则。这些原则包括但不限于：以学生为中心的原则，即制度建设应始终围绕学生的成长与发展需求进行；公平公正的原则，即制度应确保学生在体育活动中的权益得到平等保障；持续改进的原则，即制度建设应是一个不断迭代与优化的过程，需要我们在实践中不断总结经验、发现问题并予以改进。

三、高校体育制度文化建设的路径

（一）高校体育制度文化建设的策略

1. 政策引导

政策在推动高校体育制度文化建设中扮演着举足轻重的保障角色。为了有效引领和规范体育文化的发展轨迹，高校应当制定并实施一系列科学合理且具有前瞻性的政策举措。这些政策不仅明确了体育文化的发展导向，更在于为其注入持久的动力与活力。

高校还需致力于构建和完善一套全面而精细的管理制度与激励机制。这一体系的建立，旨在将体育文化工作的每一个环节都纳入规范化的管理轨道，确保其有序、高效地推进。通过明确职责分工、优化流程设计、强化监督考核等措施，进一步提升体育文化工作的整体效能,推动其向更高层次发展。

为了确保政策能够真正落地生根、发挥实效,我们还需建立一套科学的评估体系。这一体系将综合考虑政策实施的各个方面,包括但不限于政策目标的达成度、资源的利用效率、学生的满意度等。同时,我们还应根据评估结果,及时对政策进行动态调整与优化,以确保其能够紧密贴合不断变化的需求与挑战,持续为高校体育制度文化建设提供有力的支撑与保障。

政策在推动高校体育制度文化建设中发挥着至关重要的作用。通过制定与实施科学合理的政策、构建与完善管理制度与激励机制、建立科学的评估体系,我们能够确保体育文化工作始终沿着正确的方向稳健前行,为高校体育文化的繁荣发展奠定坚实的基础。

2. 资源整合

高校体育制度文化的蓬勃发展,离不开丰富多样的资源支撑,其中涵盖了人力资源、物质资源以及信息资源等多个维度。为了确保这些资源能够得到科学合理的配置与高效充分的利用,高校亟须构建一套行之有效的资源整合机制。

在这一机制的构建过程中,高校应秉持开放合作的理念,积极探索内部资源与外部资源的协同整合之道。通过深入挖掘校内潜力,充分调动体育部门、教学单位、科研团队等多方面的积极性与创造力,高校能够形成一股强大的内部合力,为体育文化的多元发展提供坚实的支撑。

高校还应积极拓展外部资源渠道,加强与政府、企业、社会团体等外部机构的合作与交流。通过引入外部资金、技术、人才等资源,高校能够进一步丰富体育文化的内涵与外延,推动其向更高层次、更广领域发展。

值得注意的是,资源整合并非简单的堆砌与叠加,而是需要在深入分析与精准定位的基础上,实现资源的优化配置与高效利用。因此,高校在制定资源整合策略时,应充分考虑体育文化的实际需求与发展方向,确保资源的投入能够精准对接、有的放矢。

高校体育制度文化的蓬勃发展,离不开丰富资源的支撑与保障。通过构建行之有效的资源整合机制,实现内部与外部资源的协同整合与优化配置,高校能够更好地促进体育文化的多元发展,为其注入持久的动力与活力。

3. 科研支持

高校在深化体育文化的科学研究方面所作出的努力，能够为体育制度的构建与完善提供坚实的理论支撑与实践指引。科研活动不仅为体育文化的发展奠定了坚实的理论基础，更为高校在制定体育培养方案、优化体育教学与管理等方面提供了宝贵的实践经验与启示。

通过深入研究体育文化的内涵及发展规律，高校能够把握体育文化的精髓与要义，为体育制度的制定提供科学的理论依据。这些理论成果不仅有助于明确体育制度建设的方向与目标，更能够为制度的完善与优化提供有力的智力支持。

科研活动还能够为高校在体育培养方案的制定上提供实践参考。通过对国内外高校体育培养方案的比较分析、对体育培养方案实施效果的评估与反馈等研究，高校能够制定出更加符合自身实际、更具前瞻性与可操作性的体育培养方案，为高校体育文化的繁荣发展创造更加有利的政策环境。

科研活动在改进体育教学与管理方面也发挥着重要作用。通过探索体育教学的新模式、新方法，研究体育教学管理的有效途径与策略，高校能够不断提升体育教学的质量与效率，推动体育教学管理的规范化、科学化与人性化发展。

（二）高校体育制度文化建设的方法

在实施高校体育制度文化建设这一复杂而细致的过程中，为了确保体育制度文化建设的稳步前行与既定目标的圆满达成，我们必须采取行之有效的策略与方法。

第一，我们需要明确制度文化建设的核心目标，即构建一个既符合高校特色又能促进学生全面发展的体育制度文化体系。在此基础上，我们应运用系统思维，对体育制度文化建设的各个环节进行全面梳理与规划，确保每一步都紧密围绕核心目标展开。

第二，为了提升制度文化建设的科学性与合理性，我们必须注重实证研究。通过收集并分析大量相关数据，我们可以更加精准地把握当前体育制度文化的现状、问题以及未来发展的趋势，从而提供有力的实证支撑。

第三，创新是制度文化建设不可或缺的动力源泉。我们应勇于打破传统束缚，积极探索新的制度模式与管理方法，以激发体育制度文化的活力与创造力。同时，我们还应注重借鉴国外先进经验，结合高校自身实际进行本土化创新。

第四，沟通与协作也是体育制度文化建设过程中的关键环节。我们应建立有效的沟通机制，确保各部门、各层级之间的信息畅通无阻。同时，通过加强内外部协作，我们可以汇聚更多智慧与力量，共同推动体育制度文化的繁荣发展。

第五，监督与评估是确保体育制度文化建设质量与效果的重要保障。我们应建立完善的监督体系与评估机制，对体育制度文化建设的全过程进行实时跟踪与定期评估，及时发现问题并予以纠正，以确保体育制度文化建设的顺利推进与既定目标的圆满达成。

综上所述，实施高校体育制度文化建设需要采取一系列行之有效的策略与方法。通过明确目标、注重实证研究、勇于创新、加强沟通与协作以及建立完善的监督与评估机制，我们可以共同推动高校体育制度文化的繁荣发展。

四、高校体育制度文化的建设实践

（一）构建高校体育管理组织

高校体育管理组织架构的搭建，是高校体育制度文化建设的基石，是保障体育各项活动有条不紊开展的先决条件。一个健全且高效的体育管理组织架构，应当具备清晰界定的组织架构、合理科学的管理体系以及灵活高效的运作机制，才能推动体育文化在校园内实现深度融入与蓬勃发展。

在这一架构中，明确的组织架构是基石所在，它规定了各部门之间的职能划分与权责关系，确保了体育管理活动的有序性与连贯性。通过科学设计组织架构，我们能够优化资源配置，提升管理效率，为体育文化的繁荣发展奠定坚实的组织基础。

科学的管理体系是体育管理组织架构的灵魂所在。它涵盖了从规划制定、决策实施到监督评估等各个环节，确保管理活动的科学性、规范性与前瞻性。通过引入现代管理理念与方法，我们能够不断提升管理效能，推动体育管理向更加精细化、智能化的方向发展。

高效的运作机制则是体育管理组织架构的生命线。它要求我们在实践中不断探索与创新，优化管理流程，提升响应速度，确保体育管理活动能够迅速适应环境变化，满足师生多样化的体育需求。通过构建灵活高效的运作机制，我们能够激发体育文化的内在活力，推动其在校园内实现更加广泛而深入的影响。

（二）高校体育课程体系的设计与实施

一个精心设计的体育课程体系，不仅能够为学生的体质健康提供有力保障，更在培育学生体育精神风貌、提升体育文化素养方面发挥着不可替代的作用，为学生的综合素养提升与全面发展奠定坚实的基础。

在这一课程体系中，科学合理的课程安排与教学内容是关键所在。通过对课程精心策划与编排，确保学生在参与体育课程的过程中，不仅能够有效增强体能、提升运动技能，更能在潜移默化中培养出坚韧不拔、团结协作的体育精神，以及尊重规则、崇尚公平的体育道德观念。

体育课程体系还承担着传承与弘扬体育文化的重任。通过丰富多样的教学内容与形式，如体育史话、体育名人传记、体育赛事赏析等，我们能够让学生在了解体育发展历程、感受体育魅力与激情的同时，不断加深对体育文化的理解与认同，进而在内心深处树立起对体育的热爱与尊重。

高校体育课程体系的落地实施是一项复杂而系统的工程，它涉及多个至关重要的环节。在这一过程中，加强体育教师队伍的培育与建设，无疑是确保体育课程高质量推进的核心要素之一。为了不断提升体育教师的专业素养与教学能力，高校应当采取一系列行之有效的措施，以促进其专业成长与持续发展。

首先，组织定期的专业培训与学术交流活动，体育教师能够不断更新自身的专业知识结构，紧跟体育教育领域的前沿动态。这些培训与进修不仅涵盖了体育教育理论、运动技能提升等多个方面，还注重培养体育教师的创新思维与实践能力，使其能够更好地适应新时代体育教育的发展需求。

其次，高校还应建立完善的体育教师评价体系与激励机制，全面、客观地评估体育教师的教学成果与专业贡献。通过设立教学优秀奖、科研成果奖等荣誉奖项，提供职称晋升途径、学术研究等方面的支持，高校能够进一步激发体育教师的工作热情与创造力，鼓励其在教学与科研领域不断取得新的突破。

最后，体育教师自身也应树立终身学习的理念，不断提升自身的专业素养与教学水平。通过积极参与各类培训与进修活动、主动开展教学研究与改革实践，体育教师能够不断拓宽自身的知识视野与教学思路，为体育课程的高质量实施提供更加有力的支撑与保障。

高校体育课程体系的落地实施是一个复杂而系统的工程，它要求高校不断加强体育教师队伍的培育与建设，通过持续的培训与进修活动、完善的评价体系与激励机制，全面提升体育教师的专业素养与教学能力，从而确保体育课程能够高质量、可持续地推进与发展。

（三）高校体育竞赛与活动的组织与管理

借助形式多样、内容丰富的体育竞赛与各类活动，我们能够有效激发学生的体育兴趣与参与热忱，进一步培育其竞争观念与团队协作意识，提升学生的身体素质与心理韧性，为校园体育文化的蓬勃发展注入新的活力与动力，从而推动校园体育事业的持续繁荣与发展。

在这一过程中，体育竞赛与活动的多样性扮演着至关重要的角色。通过精心设计各类竞赛项目与活动形式，我们不仅能够满足学生多样化的体育需求与兴趣偏好，还能够激发其参与体育活动的积极性与主动性，为体育兴趣的培养奠定坚实的基础。

同时，体育竞赛与活动也是培养学生竞争观念与团队协作意识的有效途径。在竞赛中，学生可以学会如何在竞争中保持冷静与专注，如何在压力下发挥最佳水平；而在团队中，他们则可以学会如何相互支持与配合，共同为团队目标而努力。这些经历与体验将对学生的成长产生深远的影响，为其未来的学习与工作奠定坚实的基础。

此外，体育竞赛与活动还能够显著提升学生的身体素质与心理韧性。通过参与体育活动，学生能够锻炼出强健的体魄与良好的体能，同时培养出坚韧不拔、勇于挑战的精神品质。这些身体素质与心理韧性的提升，使学生在面对未来的挑战时更加自信与从容。

1. 高校体育竞赛与活动的组织

（1）注重赛事的规范性和公平性

在组织体育竞赛与各类活动时，制定一套科学严谨、合理公正的竞赛规则与裁判机制显得尤为重要。这不仅是为了确保比赛过程能够执行既定的规范与标准，更是为了维护竞赛的公平性与公正性，保障每一位参赛者的权益与尊严。

竞赛规则的制定需要充分考虑比赛项目的特点与要求，明确各项比赛的具体流程、计分方式及胜负判定标准。通过细化规则，我们能够确保比赛过程的有序进行，避免因规则模糊或不明确而引发争议与纠纷。

裁判机制的建立也是确保竞赛公平公正的关键环节。裁判人员需经过严格选拔与培训，使其具备专业的裁判知识与良好的职业道德素养。在比赛过程中，裁判人员应秉持公正、客观的原则，对参赛者的表现进行准确评判，确保比赛结果的公正性。

为了确保竞赛规则与裁判机制的有效执行，我们还应建立相应的监督机制与反馈渠道。通过设立专门的监督机构或委员会，对比赛过程进行全程监督，确保各项规则与制度得到严格遵守。同时，为参赛者提供便捷的反馈渠道，以便其能够及时反映比赛中出现的问题与不足，为竞赛规则的完善与裁判机制的优化提供参考依据。

在组织体育竞赛与各类活动时，制定科学严谨、合理公正的竞赛规则与裁判机制是确保比赛公平公正的重要保障。通过细化竞赛规则内容、建立裁判机制、设立监督机构与反馈渠道等措施，我们能够为参赛者提供一个公平、公正、有序的比赛环境，推动体育竞赛与活动的健康发展。

（2）注重赛事的教育性和娱乐性

体育竞赛与各类活动，作为展现竞技风采的重要平台，是促进学生全面发展不可或缺的一环，具有深远的教育意义。它们不仅为参赛者提供了一个展示自我、挑战极限的舞台，更是实施教育、培养品德与能力的平台。

在竞技的舞台上，体育竞赛与活动通过激烈的对抗与比拼，激发了学生的竞争意识与拼搏精神。这种精神不仅体现在对胜利的渴望上，更在于面对挑战时不屈不挠与勇于超越的精神。通过参与竞赛，学生学会了如何在压力之下保持冷静与专注，如何在逆境中寻找机遇，这些经历与体验对其成长具有深远的影响。

然而，体育竞赛与活动的教育价值远不止于此。它们还是培养学生团队协作能力、社交技能与领导力的重要方式。在团队项目中，学生需要学会相互信任、相互沟通，共同为团队目标而努力。这些经历不仅有助于他们建立积极的人际关系，更能够培养责任感与集体荣誉感。

体育竞赛与活动还能够促进学生对体育精神的理解与认同。通过参与竞赛，学生能够深刻体会到公平竞争、尊重对手、遵守规则等体育精神的重要性。这些精神品质将伴随他们的一生，成为其未来学习、工作与生活中不可或缺的宝贵财富。

体育竞赛与活动不仅是展现风采的竞技舞台，更是实施教育、促进学生全面发展的有效途径。它们通过激发学生的竞争意识与拼搏精神，培养其团队协作能力、社交技能与领导力，以及对体育精神的理解与认同，为学生的成长与发展注入了新的活力与动力。

2. 高校体育竞赛与活动的管理

（1）加强体育竞赛与活动的策划和组织

高校体育竞赛与活动的精心策划与有效组织，是确保各类竞赛能够平稳有序进行的核心环节，对于提升竞赛的整体质量与影响力具有重要意义。为此，高校有必要设立一个专门的竞赛策划与组织委员会，该委员会由来自校级体育管理机构、各院系体育部门以及学生体育团体的代表共同构成，从而形成一个多元化的管理与决策团队。

在这一委员会中，各成员凭借专业背景与丰富经验，共同为竞赛的专业性与规范性提供有力保障。竞赛的专业性不仅体现在项目设置的科学性、竞赛流程的合理性上，更在于对运动员技能水平的严格要求与对比赛规则的精准解读。而规范性则要求竞赛从筹备到结束的每一个环节都需遵循既定的标准与程序，以确保比赛的公平公正。

为确保竞赛的专业性与规范性得以充分落实，委员会需承担起制定竞赛规则与裁判制度的重任。这些规则与制度需经过深入研讨与反复论证，确保其既符合国际体育比赛的通用标准，又能够充分考虑到高校体育竞赛的特殊性。同时，委员会还需为每项赛事设定明确的竞赛程序与评分标准，以确保比赛结果的客观性与公正性。这些规则的制定与实施，将有效避免争议与纠纷的产生，为运动员提供一个公平竞技的舞台。

高校体育竞赛与各类体育活动的精心策划与有效组织，离不开专门的竞赛策划与组织委员会的成立与运作。委员会通过汇聚多方智慧与力量，共同为竞赛的专业性与规范性提供有力保障，为运动员创造一个公平、公正、有序的竞技环境。

（2）加强体育竞赛与活动的宣传和动员

提升体育竞赛与活动的影响力、扩大其参与范围是宣传和动员工作的两大核心目标。为了达成这一目标，我们需要采取多元化的宣传策略与动员手段，确保信息能够覆盖到包括学生、教职工、校友乃至社会中的广泛群体。

在宣传方面，我们应充分利用各种渠道与平台，如社交媒体、校园广播、官方网站及线下海报等，以多样化的形式传播体育竞赛与活动信息。这些宣传手段不仅能够迅速扩大体育竞赛与活动的知名度，还能够激发受众的兴趣与好奇心，引导他们进一步了解并参与体育竞赛与活动中来。

在动员方面，我们需要设计一系列富有创意与吸引力的动员活动，旨在直接激发目标群体的参与热情。这些活动可以包括校园宣讲会、校友分享会、教职工趣味运动会等。它们不仅面向学生，活动还特意邀请了教职工与校友的积极参与，通过互动与交流，进一步加深学生对体育竞赛与活动的理解与认同。

此外，为了确保动员工作的深入与持久，我们还应建立一套完善的反馈机制，及时收集并分析受众的反馈意见，以便对宣传策略与动员手段进行持续优化与调整。通过这种方式,我们能够确保宣传与动员工作始终与受众的需求和期待保持同步,为体育竞赛与活动的成功举办奠定坚实的基础。

通过充分利用多种宣传渠道与平台,设计一系列富有创意的宣传活动,并辅以完善的反馈机制,我们能够确保赛事信息覆盖到更广泛的受众群体,激发他们的参与热情,为体育竞赛与活动的成功举办创造有利条件。

五、高校体育制度文化建设的发展趋势

在高校教育体系的整体架构中,高校体育制度文化的构建与发展占据着举足轻重的地位。随着时代的不断演进与社会的持续进步,高校体育制度文化的未来发展正逐步展现出一系列崭新的动向与趋势。这些趋势不仅深刻揭示了高校体育文化在新时代背景下所遭遇的新挑战与迎来的新机遇,更为我们指明了制度建设与完善的明确方向。

高校体育制度文化的未来发展将更加注重规范化与科学化的建设。这意味着在制度设计层面,我们需要更加严谨地考虑各项规章制度的合理性与可行性,确保其能够切实满足高校体育发展的实际需求,并有效应对新时代带来的各种挑战。同时,我们还需注重制度的灵活性与创新性,以便在面对新机遇时能够迅速调整策略,抓住发展机遇。

高校体育制度文化的未来发展还将呈现出多元化与包容性的特征。这要求我们在制度建设中充分尊重不同文化背景、不同体育需求的师生群体,为他们提供多样化的体育参与机会与平台。通过营造一种开放、包容的体育文化氛围,我们可以激发师生的体育热情,促进高校体育事业的蓬勃发展。

高校体育制度文化的未来发展正逐步展现出一系列崭新的动向与趋势。这些趋势不仅揭示了新时代背景下高校体育文化所面临的新挑战与新机遇,更为我们指明了高校体育制度文化建设与完善的明确方向。在未来的发展中,我们需要紧跟时代步伐,不断创新制度设计理念与方法,以推动高校体育制度文化的持续繁荣与进步。

第三章　高校体育文化建设的融合发展

推动高校体育文化建设的融合发展，对于促进校园文化多元化、创新性具有举足轻重的作用。本章旨在深度剖析高校体育文化在不同领域内的融合发展，以期揭示其对于校园文化建设的深远影响。

第一节　高校体育文化与课程体系的融合

在当代高校教育体系中，高校体育文化不仅肩负着增强学生体能、锤炼运动技艺的传统职责，还日益凸显其在提升学生综合素养、丰富校园精神文化生活方面的独特价值。为了全面达成这一多元化的教育目标，高校体育文化应融入各类课程体系之中，形成具有创新意义的教育实践探索。

在这一过程中，我们需深刻理解高校体育文化所具有的丰富内涵与独特魅力，充分挖掘其在培养学生身心健康、塑造健全人格、激发团队精神等方面的积极作用。通过精心设计的课程体系，将体育文化的精髓巧妙融入各类学科课程之中，使学生在学习专业知识的同时，感受体育文化的熏陶与滋养。

同时，我们还需注重高校课程体系中体育文化与其他学科知识的交叉融合，促进不同学科的相互渗透与相互启发。这种跨学科的融合不仅有助于拓宽学生的知识视野，还能激发创新思维与实践能力，为学生未来的全面发展奠定坚实的基础。

将高校体育文化融入课程体系还需注重教学方法的创新与改进。我们应充分利用现代教学技术与手段，如多媒体教学、网络教学等，为学生提供更加生动、直观的学习体验。同时，还应鼓励学生积极参与体育课程实践，通过亲身体验与实际操作，深化对体育文化的理解与感悟。

将高校体育文化深度融入各类课程体系之中，已成为一种富有创新意义的教育实践探索。这不仅有助于全面达成高校体育文化的多元化教育目标，还能为学生的全面发展与成长提供有力的支持与保障。

一、高校体育文化与思想政治教育的融合

（一）高校体育文化与思想政治教育的相关性

高校体育文化建设与思想政治教育具有相关性，二者在促进学生全面发展、培养良好品德和塑造健康人格方面相辅相成。体育不仅是一种身体活动，更是一种精神文化，其内涵包含公平竞争、团队合作、顽强拼搏和规则意识，这些精神与思想政治教育所倡导的社会主义核心价值观高度一致。

高校可以充分利用体育活动的集体性、竞争性等特点，设计一系列富有创意的教育活动。例如，在体育赛事中融入爱国主题，赛前通过升国旗、奏国歌等仪式，激发学生的爱国情怀；在体育教学与训练中强调团队合作与公平竞争，培养学生的集体荣誉感和道德品质。这些活动不仅能够丰富体育文化的内涵，还能够使学生在参与过程中潜移默化地受到思想政治教育的熏陶。

高校体育文化建设在学生思想政治教育中具有独特的优势与潜力。通过深入挖掘高校体育文化与体育精神的教育价值，将其与思想政治教育紧密结合，可以进一步提升学生的思想政治素质，为学生全面发展奠定坚实的基础。

（二）高校体育文化与思想政治教育融合的可行性

高校体育文化作为高校教育环境下一种独特的文化形态，是在以学生为主体、教师为主导的各类体育活动中，由师生间的互动共创而逐渐形成的。它不仅是高校文化的重要组成部分，更是在促进学生道德修养的完善、身心健康的均衡发展以及个人潜能的充分激发方面发挥着不可小觑的作用。

思想政治教育致力于引导学生树立正确的世界观、人生观和价值观，培育具备符合社会发展要求的思想道德素质。这一过程不仅强调对学生主观能动性的激发，鼓励其积极参与学校各项活动，更着眼于推动学生的全面发展，实现个人价值与社会价值的和谐统一。

值得注意的是，高校体育文化与思想政治教育在理论指导、核心目标以及教育功能上存在着高度的一致性。二者均坚持以人为本的教育理念，强调通过有效的教育活动促进学生的全面发展。在此基础上，将高校体育文化与思想政治教育有机融合，不仅能够进一步拓宽教育途径，增强教育效果，更能在提升学生综合素质方面发挥协同作用。

通过精心设计的体育活动与思想政治教育内容的有机结合，可以在潜移默化中提升学生的思想道德水平，培养其团队合作精神、坚韧不拔的意志品质以及积极向上的生活态度。同时，这种融合还有助于激发学生的创新思维与实践能力，为其未来的工作和生活奠定坚实的基础。

高校体育文化与思想政治教育在理论指导、核心目标及教育功能上的高度契合，为二者的有机融合提供了坚实的基础。通过融合过程，我们可以进一步拓展教育途径，提升教育效果，为大学生的全面发展注入新的活力与动力。

（三）高校体育文化与思想政治教育融合的实施

高校体育文化作为一个综合体系，由体育精神文化、体育物质文化以及体育制度文化三大支柱共同支撑。这一文化体系与思想政治教育的深度融合，成为推动学生全面成长、助力教育强国战略实施的关键路径。

体育精神文化所蕴含的拼搏进取、团结协作等价值观念，与思想政治教育中的理想信念教育、集体主义精神培养等不谋而合。通过体育精神文化的熏陶，学生能够在体育竞赛与活动中深刻领悟并内化这些价值观念，并为个人成长注入强大的精神动力。

体育物质文化，如现代化的体育设施、丰富多彩的体育活动等，为思想政治教育提供了生动的实践平台。学生在参与体育活动的过程中，不仅能够锻炼身体、强健体魄，还能在无形中接受爱国主义教育、社会责任感培养等多方面的熏陶，实现身心素质与思想道德素质的同步提升。

体育制度文化所强调的规则意识、公平竞争等原则，与思想政治教育中的法治观念培养、诚信品质塑造等紧密相关。通过体育制度文化的引导，学生能够在体育活动中学会遵守规则、尊重对手，进而将其内化为个人行为准则，为其未来的人生道路奠定坚实的道德基础。

高校体育文化与思想政治教育的深度融合，不仅有助于促进学生的全面成长，更能够为教育强国战略的顺利实施提供有力支撑。因此，我们应高度重视这一融合过程，不断探索和创新融合路径,为培养德智体美劳全面发展的社会主义建设者和接班人贡献力量。

二、高校体育文化与艺术类课程的融合

随着体育领域步入现代化的发展阶段,人们的审美观念得到了显著提升与重塑。体育开始积极吸纳艺术的精髓,以此来丰富自身的文化内涵,强化其多元功能,并美化其外在表现形式,从而展现出更为迷人的魅力与风采。

在高校体育文化这一复杂而多元的系统之中,体育艺术文化占据一席之地。它不仅是高校体育文化的重要组成部分,更是培养学生审美素养、激发体育情感的关键环节。通过体育艺术文化的熏陶与滋养,学生的视野得以拓宽,对于体育之美的认知也更为深刻与全面。

体育艺术文化能够引导学生树立正确的审美观念,培养其对于体育运动的热爱与向往。在欣赏体育艺术作品的过程中,学生能够深刻感受体育所蕴含的力与美、速度与激情,进而形成健康的体育审美观。这种审美观不仅有助于提升学生的审美品位,更能激发其参与体育运动的积极性与主动性。

体育艺术文化在高校体育文化体系中扮演着至关重要的角色。它不仅能够拓宽学生的视野,形成健康的体育审美观,更能在潜移默化中提升学生的体育素养,为其全面发展注入新的活力与动力。

(一)高校体育文化与艺术类课程融合的原则

高校体育文化与艺术类课程的相互融合,不仅促进了学生身心健康的全面发展,更成为推动校园文化建设迈向新高度、提升整体教育质量不可或缺的关键举措。为了最大限度地发挥这一融合所带来的积极效应,我们需严格遵循一系列基本原则,以确保融合过程的科学性与有效性。

首先,这一融合应建立在对学生身心需求的深刻理解之上,确保体育文化与艺术类课程能够与学生的实际成长需求相契合,从而真正促进学生的全面发展。

其次,在融合过程中需注重体育文化与艺术类课程之间的互补性,通过两者的有机结合,实现教育资源的优化配置,进一步提升教育教学的质量与效果。

再次,我们还应强调融合的创新性,不断探索和实践新的教学模式与方法,以激发学生的创造力与想象力,培养其成为具有创新精神和实践能力的高素质人才。

最后,融合过程中的可持续性不容忽视。我们应确保所采取的融合策略能够长期、稳定地发挥作用,为校园文化的持续繁荣和教育质量的持续提升提供有力支撑。

高校体育文化与艺术类课程的融合是一项系统工程,需遵循深刻理解学生需求、注重互补性、强调创新性以及确保可持续性等一系列基本原则,以实现融合效益的最大化。

1. 以人为本,关注师生需求

在高校体育文化与艺术类课程相互交融的进程中,坚守人本主义原则具有举足轻重的地位。学生群体作为体育文化与艺术教育的核心受益对象,其全面发展与个性化需求应当被置于首位;而教师队伍是这一融合进程的重要催化剂与引领者。为了确保融合过程的深度与广度,高校应当从师生的实际需求与期望出发,细致入微地关注他们在体育与艺术实践活动中的参与深度与体验质量。

这要求高校在课程设计阶段,就要深入调研学生的兴趣爱好与个性特征,精心策划一系列与学生兴趣点高度契合的体育与艺术课程。通过提供丰富多元的体育艺术活动选项,高校能够精准把握不同学生的文化需求与审美偏好,从而确保每位学生都能在适合自己的体育课程中得到充分的锻炼与成长。

在课程内容的设置上,高校应着重激发学生的创造力与审美情趣,鼓励他们勇于探索、敢于创新。通过引入具有挑战性的任务、开展富有创意的实践活动,以及提供必要的指导与支持,高校能够为学生搭建起一个展现自我、实现潜能的舞台。

高校体育文化与艺术类课程的深度融合,不仅有助于促进学生的身心健康与全面发展,更为他们提供了一个展示个性、发挥创意的广阔平台。这一过程中,坚持人本主义原则、关注师生需求、提供多元选择、激发创造力与审美情趣,是确保融合成效的关键所在。

2. 因地制宜,适应学校特色

在高校体育文化与艺术类课程相融合的过程中,全面而深入地考量各高校的地理区位、自然环境以及教育资源配置情况,是确保融合工作得以科学规划与有效实施的关键所在。不同高校在地理位置、文化底蕴和办学特色等方面各具优势,因此,体育与艺术教育实践的具体路径,也理应依据各自的实际状况进行灵活调整与优化。

这一融合进程需紧密结合高校所处的地域特征,充分利用得天独厚的地理条件,比如,位于内陆的高校可依托丰富的自然资源,开展户外体育与艺术体验活动;而地处沿海的高校，则可借助海洋文化的独特魅力，设计与之相呼应的体育与艺术课程。同时，高校的文化背景也是融合工作不可忽视的重要因素，它要求我们在规划与实施过程中，深入挖掘并传承本校的文化精髓，通过体育与艺术教育的融合，进一步彰显与弘扬学校的文化特色。

高校的办学特点同样对体育与艺术教育的实施路径产生深远影响。不同类型的高校，如综合性院校、师范类院校、艺术类院校等，其体育与艺术教育的定位与目标各有侧重。因此，在融合过程中，我们需紧密结合各高校的办学宗旨与特色，设计出既符合教育规律，又能彰显学校个性的体育与艺术教育课程体系。

高校体育文化与艺术课程的融合，是一个需要综合考虑多方面因素的复杂过程。它要求我们既要充分利用高校的地理、环境及资源优势，又要紧密结合其文化背景与办学特点，以确保融合工作的科学性、有效性与创新性。

3. 体育精神与艺术情感并重，促进全面素质教育

在高校体育文化与艺术类课程的交融过程中，体育精神与艺术情感的培养构成了其核心理念的关键组成部分。体育精神所弘扬的，是不屈不挠的拼搏精神、持之以恒的坚韧毅力以及团结协作的集体意识；而艺术情感所侧重的，则是创造性的思维火花、细腻入微的情感表达以及高雅独到的审美眼光。将体育精神与艺术情感这两者巧妙融合，不仅为课程设计的多元化提供了可能，更为学生综合素质的全面提升开辟了新路径。

在这一融合过程中，体育课程不再仅仅局限于对学生身体素质的锤炼，而是融入了艺术情感的细腻滋养，使学生在挥洒汗水的同时，也能感受运动之美、协作之魅。通过设计与艺术融合的体育活动，如艺术体操、舞蹈体育等，让学生在运动中展现自我、表达情感，从而进一步激发其对体育的热爱与投入。

艺术情感在融入体育精神后，也焕发出了新的生机与活力。艺术教学不再仅仅停留于对技巧与理论的传授，而是更加注重培养学生的拼搏精神与团队协作能力。通过组织团队合作的体育主题的艺术创作比赛等活动，让学生在艺术创作中学会沟通、学会协作，从而培养其成为既有艺术才华，又具备团队精神的高素质人才。

高校体育文化与艺术类课程的融合，通过体育精神与艺术情感的相互渗透与交融，不仅丰富了课程设计的内涵与外延，更为学生提供了全面发展的广阔舞台。在这一过程中，学生的身体素质与艺术修养得以同步提升，为其未来的成长与发展奠定了坚实

4.传承与创新并行,推动持续发展

在高校体育文化与艺术类课程相互交融的过程中,寻找传统体育文化与现代艺术形式之间的平衡点,实现传承与创新的深度融合,是确保融合进程稳健前行、富有成效的核心要义。这一过程要求我们在尊重与传承传统体育文化精髓的基础上,勇于探索、积极接纳现代艺术形式的新元素,以期达到传承与创新之间的和谐共生。

传承不仅是对古老体育文化形式的简单复制与保留,更是对其内在精神与价值观念的深刻领悟与弘扬。通过深入挖掘传统体育文化中的拼搏精神、团队协作意识以及公平竞争理念,我们能使学生在参与体育活动的过程中,锻炼体魄、提升技能,更能深刻感受体育文化的深厚底蕴与独特魅力。

创新是推动高校体育文化与艺术类课程持续发展的关键动力。在现代艺术形式日益丰富多样的背景下,我们应积极借鉴其创意手法、表现形式与传播方式,为体育课程注入新的活力与元素。通过设计富有创意的体育课程活动、引入新颖的艺术表现手法以及构建多元化的体育课程评价体系,我们能够激发学生对体育与艺术的兴趣与热情,使其在参与过程中不断挑战自我、超越自我,从而培养出既有深厚文化底蕴,又具备创新能力的复合型人才。

高校体育文化与艺术类课程的融合,需要在传统体育文化与现代艺术形式之间找到恰当的平衡点,实现传承与创新的有机结合。我们不仅能够保持校园文化的深厚底蕴与独特魅力,更能够确保体育文化与艺术类课程在时代变革中持续焕发活力,为学生提供一个既能传承文化精髓,又能培养创新思维与适应能力的广阔舞台。

(二)高校体育文化与艺术类课程融合的实现

高校体育文化与艺术类课程的深度融合,是增强学生综合素养、推动校园文化繁荣发展的一项重要举措。这一过程通过多维度、全方位的整合策略,不仅极大地丰富了课堂教学的内容与形式,更为学生开辟了一个广阔的思考、表达与实践的天地。

高校体育文化与艺术类课程的融合,意味着在体育课程中融入艺术元素,同时在艺术教学中借鉴体育精神。这种跨学科的整合,不仅使得课程内容更加生动有趣,也让学生在参与过程中,能够体验体育的激情与艺术的美感,从而激发出多样的思维火花与创造力。

在整合的过程中，应注重从多层次、多角度进行探索与实践。一方面，我们深入挖掘体育课程中蕴含的艺术价值，如通过舞蹈、体操等运动形式，展现人体的韵律美与力量美；另一方面，我们也在艺术教学中融入体育精神，如通过艺术创作表现出拼搏、坚持与团队协作等体育精神，让学生在艺术实践中培养坚韧不拔、勇于挑战的精神。

1. 增强体育与美育的双重情感培养

体育与美育的紧密融合，为学生提供了一个以培育并提升其审美能力的绝佳契机。在这一融合的过程中，通过一系列精心设计的艺术化体育活动，学生不仅能够在体育锻炼中强健体魄，更能在参与活动的同时，深切感受艺术所独有的美感以及体育运动中所蕴含的优雅姿态与精湛技巧。

这些艺术化的体育活动，并非简单的体育动作与艺术元素的堆砌，而是将艺术的理念与审美标准融入体育运动的每一个环节之中。学生在参与这些活动时，不仅需要进行身体的锻炼，更需用心去感受每一个动作所蕴含的艺术美感，以及体育运动中所展现出的优雅风范与高超技艺。

在这一过程中，学生的审美能力得到了潜移默化的培养与提升。他们开始学会从艺术的角度去审视体育运动，去欣赏那些看似平凡的动作中所蕴含的艺术价值与审美意义。同时，这种融合也激发了学生对于体育与美育的浓厚兴趣，促使他们更加积极地投入相关的活动与学习中去。

体育与美育的深度融合还为学生提供了一个展现自我、发挥创意的舞台。在参与艺术化体育活动的过程中，学生可以根据自己的兴趣与特长，对体育活动进行个性化的改造与创新，从而使其更加符合自己的审美标准与运动需求。这种创造性的参与方式，不仅有助于培养学生的创新思维与实践能力，更为其未来的成长与发展奠定了坚实的基础。

2. 营造融合艺术氛围的体育空间

高校体育文化与艺术类课程的融合，其影响范围远不止步于课堂教学这一单一维度，而是广泛渗透至校园设施与环境的整体构建之中。在这一过程中，体育场馆作为校园文化的重要载体，其设计理念正逐步向艺术性与功能性并重的新境界迈进。

体育场馆的设计不再仅仅局限于满足体育活动的功能性需求，同样注重将艺术元素融入其中，以期达到功能与美学的完美融合。这种设计理念的转变，不仅体现在场馆的外观造型上，更深入其内部空间的布局与细节处理之中。运用现代设计理念与先进材料技术，体育场馆呈现出灵动而富有艺术感染力的外观形态，成为校园一道亮丽的风景线。

在功能性方面，体育场馆的设计也充分考虑学生的实际需求与使用体验。无论是场馆的照明系统、音响设备，还是内部的座椅布局、休息区设置，都力求在满足体育活动需求的同时，为学生提供一个舒适、便捷的活动环境。这种功能与艺术的双重考量，使得体育场馆成为学生锻炼身体、放松身心、享受艺术氛围的理想场所。

体育场馆的设计理念还体现出对校园文化传承与创新的高度重视。通过巧妙融入学校的历史文化元素与现代设计理念，体育场馆不仅成了校园文化的重要展示窗口，也成了推动校园文化创新发展的重要力量。这种设计理念的实践，不仅提升了体育场馆的文化内涵与艺术品位，更为校园文化的繁荣发展注入了新的活力与动力。

高校体育文化与艺术课程的深度融合在校园设施与环境建设方面取得了显著成效。体育场馆作为校园文化的重要载体，其设计理念正逐步向艺术性与功能性并重的新境界迈进。

3. 推动高质量体育教育的文化机制

体育文化与艺术类课程的融合，其背后离不开一套高效且完善的管理体系与教育机制的强力支撑。在这一融合过程中，高校体育文化的蓬勃发展并非仅仅依赖于教师的教学水平，而是需要全校范围内各个层级、各个部门的紧密协作与共同努力。从体育教学部门的精心规划，到各个教学学院的积极响应，再到具体班级的细致落实，这一系列管理机制的建立健全，为体育文化活动的顺利开展提供了坚实的保障。

在协同合作的过程中，艺术元素的巧妙融入，更是成为推动体育文化传播与发展的重要催化剂。通过将艺术理念与体育精神有机融合，我们创造出一系列艺术化的体育活动，这些活动不仅极大地丰富了校园文化的内涵，更以其独特的魅力与形式，有效地增强了校园文化的凝聚力与向心力。

艺术化的体育活动还以新颖的形式与丰富的内涵，极大地激发了学生的学习兴趣与参与热情。学生在这些活动中，不仅能够体验到体育运动的快乐与激情，更能够在艺术的熏陶下，培养出一种积极向上的生活态度与审美情趣。这无疑为校园文化的繁荣发展注入了新的活力与动力。

三、高校体育文化与自然科学及工程技术类课程的融合

在当代高校教育体系多元化发展的宏观背景下，高校体育文化与自然科学及工程技术类课程的融合，正逐渐演化成一种具有前瞻性的教学模式。这一创新模式旨在向传统上被视为"壁垒"的自然科学及工程技术类领域，注入一股全新的活力与创意元素，为培养具有全面素养与创新能力的复合型人才提供有力支撑。

高校体育文化与自然科学及工程技术类课程的融合，不仅促进了不同学科知识体系之间的交流与互通，还为学生搭建起一个更为宽广且多元的学术视野与实践探索平台。在这一平台上，学生能够跨越学科的界限，将体育精神中的坚韧不拔、团队协作等优秀品质，与自然科学及工程技术类领域的严谨思维、创新精神相结合，从而在学术研究与实践探索中展现出更加全面的素养与能力。

这种融合的教学模式还为学生提供了更为丰富的实践机会。通过参与跨学科的项目研究、竞赛活动以及社会实践，学生能够深化对体育文化与自然科学及工程技术类课程的理解与掌握，同时培养跨学科思维与解决问题的能力。这种实践平台的搭建，不仅有助于学生在学术上取得更加突出的成就，更为其未来的职业发展奠定了坚实的基础。

第二节　高校体育文化与校园文化的融合

在 21 世纪的教育版图中，多元化已成为一股引领教育革新与进步的核心理念。随着全球化趋势的持续深化，社会各界对人才的渴求愈发呈现出多样化的特征，这对教育领域提出了新的挑战与要求。在此背景下，教育不再仅仅局限于单纯的知识传授，而是更加注重于学生综合素养与创新能力的全面培养。

这一教育理念的深刻转变，标志着教育目标已从传统的单一知识传授，逐步迈向全面育人的崭新阶段。全面育人不仅要求学生在知识层面达到一定的深度与广度，更强调其思维能力、创新能力、社会责任感以及国际视野等多方面的均衡发展。在这一

转变过程中，高等教育开始致力于培养能够在快速变化的时代里灵活应对各种挑战、具备跨学科知识与技能的复合型人才。

复合型人才的培养是教育适应全球化时代需求、推动社会持续发展的关键所在。这类人才不仅具备扎实的专业知识基础，还能够在不同领域与学科间进行跨界融合与创新，为解决复杂问题提供独特的视角与解决方案。因此，教育领域的这一转变，不仅是对传统教育模式的超越，更是对未来社会发展趋势的深刻洞察与积极应对。

在高校教育体系中，体育的发展必须深深植根于校园文化的沃土之中，将校园文化视为推动体育持续进步的坚实基石与动力源泉。体育与校园文化之间存在着一种紧密而深刻的辩证关系，这种关系促使体育在演进过程中自然而然地融入了精神追求与价值目标，形成了两者相互依存、相互促进的良性互动。

从本质上而言，体育不仅是身体锻炼与竞技技能的展现，它更是一种校园文化的深刻体现与生动诠释。体育活动中所蕴含的拼搏精神、团队合作、规则意识等要素，无不折射出文化的深厚底蕴与独特魅力。因此，我们可以说，体育是文化的一种重要表现形式，它通过具体的体育活动与竞技实践，将文化的精髓与价值理念进行传承与弘扬。

体育的发展也为校园文化的繁荣注入了新的活力与内涵。随着体育运动的普及与深入，越来越多的人开始关注并参与体育活动中来，这不仅丰富了学生的校园文化生活，也促进了不同文化之间的交流与融合。在这个过程中，体育成为校园文化传播的重要载体，它以独特的魅力与影响力，为校园文化的传承与发展开辟了新的路径与空间。

高校体育与校园文化之间存在着一种紧密而深刻的辩证关系。高校体育以校园文化为载体，不断汲取文化的养分与智慧，实现了自身的持续发展与进步。同时，高校体育也成了校园文化的一种重要表现形式，通过具体的体育活动与竞技实践，将校园文化的精髓与价值理念得以生动展现与广泛传播。这种辩证关系的存在，不仅为体育的发展提供了坚实的文化支撑，也为文化的繁荣注入了新的活力与内涵。

一、高校体育文化与校园文化融合的基础

（一）体育文化与校园文化的关系

1.体育文化是校园文化的重要组成部分

体育活动在学校教育中占据着一定的地位，它不仅是塑造学生强健体魄、激发体育兴趣与技能培育的关键环节，更是培养学生团队协作意识、公平竞争观念及坚韧不

拔精神的重要途径。通过丰富多样的体育活动形式，学生得以在实践中深刻领悟团队合作的力量，树立公平竞争的道德准则，并磨砺出面对挑战不屈不挠的拼搏精神。

在此过程中，体育文化犹如一股清泉，悄然渗透至校园文化的肌理之中，为其注入新的活力与色彩。体育文化不仅丰富了校园文化的内涵，使其不再局限于书本知识与学术研究的范畴，而且融入了更多关于体育精神、健康生活方式及人际交往的宝贵财富。同时，体育文化的融入也极大地提升了校园文化的层次，使其呈现出更加多元化、包容性与开放性的特征。

值得注意的是，体育活动与体育文化在校园中的传播与影响，并非孤立存在，而是与学校教育的整体目标紧密相连。它们共同构成了学校教育的重要组成部分，旨在培养德智体美劳全面发展的社会主义建设者和接班人。因此，加强体育活动与体育文化的建设，不仅有助于提升学生的身体素质与体育素养，更对于塑造学生健全的人格、培养积极向上的校园风气以及推动校园文化的繁荣发展具有深远的影响。

2. 校园文化为体育文化的发展提供了环境和条件

体育文化作为校园文化的重要组成部分，在发展过程中深受校园文化的影响。良好的校园文化不仅为体育文化的发展提供了环境和条件，还推动了体育精神的传承与创新。

校园文化营造体育文化发展的精神氛围。校园文化强调健康、积极、向上的价值取向，这种文化氛围培养学生形成良好的体育观念和锻炼习惯。例如，学校倡导"健康第一"的教育理念，鼓励学生积极参与体育活动，培养终身体育意识，这种理念的传播，使体育文化成为校园文化的一部分，促进了体育文化的认同感和凝聚力。

校园文化为体育文化的发展提供制度保障。学校在制定规章制度时，通常会将体育活动纳入其中，如体育课程的安排、课外体育活动的组织、体育竞赛制度的建立等。这些制度不仅规范了体育文化的运行方式，还保障了体育文化的持续发展。例如，许多高校设立体育社团和校队，并定期举办各类体育赛事，如田径运动会、篮球联赛、足球赛等，这些活动的组织得益于校园文化所提供的制度支持。

此外，校园文化还丰富了体育文化的表现形式。除了传统的竞技体育，许多学校还结合自身特色开展多样化的体育文化活动，如体育节、体育嘉年华、趣味运动会等，这些活动不仅增强了学生对体育的兴趣，也促进了体育文化与其他文化形式的融合，使体育文化更加生动丰富。

3. 体育文化与校园文化相互影响、相互促进

体育精神与体育教育实践活动相结合，不仅为学生的全面发展奠定了坚实的基础，同时也显著提升了校园文化的综合品质。在校园这一微观社会环境中，文化的繁荣与进步离不开教育理念的引领、管理制度的保障以及文化活动的丰富多样。这些要素共同作用于体育文化的培育与传播，为其注入了源源不断的活力。

学校通过秉持先进的教育理念，为体育文化的蓬勃发展提供了思想指导。这些理念不仅强调体育在增强学生体质、磨炼意志方面的重要作用，还倡导将体育精神融入日常教学与生活中，以促进学生身心的和谐发展。在此基础上，学校的管理制度为体育文化的规范化、系统化提供了有力保障。通过制定科学合理的体育课程、体育设施使用规定以及体育竞赛组织流程等，学校确保了体育活动的有序开展，为体育文化的传承与创新提供了坚实的制度支撑。

校园文化活动的丰富多彩也为体育文化的传播与普及搭建了广阔的平台。学校通过举办各类体育讲座、体育知识竞赛、体育文化艺术节等活动，不仅丰富了学生的课余生活，还激发了广大师生对体育文化的浓厚兴趣与积极参与。这些活动不仅加深了学生对体育精神的理解与认同，还促进了体育文化在校园内外的广泛传播，为构建健康、积极、向上的校园文化氛围作出了积极贡献。

体育精神与体育教育实践活动在促进学生全面发展、提升校园文化综合品质方面发挥着不可替代的作用。学校的教育理念、管理制度以及文化活动等要素也会促进体育文化的培育与传播，为其繁荣发展提供了坚实的保障与广阔的空间。

（二）体育文化与校园文化融合的依据

体育文化与校园文化的融合，其背后蕴含着丰富的理论基础，这些理论为两者的深度融合提供了坚实的科学依据与有力支撑。

首先，从教育学视角出发，全面发展教育理念强调学生应在德智体美劳等方面得到均衡发展。这一理念为体育文化与校园文化的融合提供了理论指导——体育不仅是身体锻炼的过程，更是培养学生意志品质、团队合作精神及社会适应能力的重要途径。因此，将体育文化融入校园文化之中，有助于实现学生综合素质的全面提升。

其次，社会学理论指出，文化是社会群体共享的行为模式、信仰系统及价值观念的总和。校园文化作为社会文化在校园这一特定空间内的体现，其形成与发展必然受到社会环境的影响。而体育文化作为校园文化的重要组成部分，其蕴含的拼搏精神、公平竞争等价值观念，对于塑造积极向上的校园文化氛围具有不可替代的作用。因此，体育文化与校园文化的融合，是顺应社会发展趋势、丰富校园文化内涵的必然要求。

最后，心理学研究表明，体育活动对于促进个体心理健康、增强自信心及培养坚韧不拔的意志品质具有重要作用。将体育文化融入校园文化之中，可以为学生提供更多参与体育活动的机会，从而有助于其心理健康的维护与发展。同时，体育活动中所蕴含的团队合作与公平竞争精神，也有助于培养学生的社会适应能力与人际交往能力。

综上所述，体育文化与校园文化之间的融合，其理论依据丰富而深刻。为我们在实践中探索更加有效的融合路径提供了理论指导与实践启示。

二、高校体育文化与校园文化的融合路径

高校体育文化与校园文化的融合，既需要对理论的深入探索与细致剖析，也离不开一系列切实可行的实践路径与操作策略的支撑。这一融合过程并非简单的相加或拼凑，而是需要在深刻理解两者内在联系与独特价值的基础上，通过科学合理的规划与布局，将其有机融合为一个和谐统一的整体。

在理论探索层面，我们需要对体育文化与校园文化的内涵、特征、功能及相互作用机制进行系统的梳理与归纳，明确两者融合的必要性、可行性与潜在价值。同时，还需借鉴国内外相关领域的成功经验与研究成果，为融合实践提供坚实的理论基础与科学依据。

在实践路径的构建上，我们应注重将理论探索的成果转化为具体的操作策略与实施步骤，包括但不限于：制订科学合理的体育课程与活动计划，将体育文化元素融入校园文化活动的组织与策划中；加强体育设施与场馆的建设与管理，为师生提供优质的体育服务与体验；推动体育文化与校园文化的互动交流，促进体育精神在校园内的广泛传播与深入影响。

此外，为了确保融合实践的有效性与可持续性，我们还需要建立一套完善的评估与反馈机制。通过对融合实践的定期评估与总结，及时发现并解决存在的问题与不足，不断优化融合策略与路径，以确保体育文化与校园文化能够实现深度融合与共同发展。

综上所述，实现高校体育文化与校园文化的高效整合，既需要理论上的深入探索与细致剖析，也离不开具体可行的实践路径与操作策略的支撑。二者的融合不仅有助于提升校园文化的整体品质与内涵，还能为培养德智体美劳全面发展的社会主义建设者和接班人提供有力的文化支撑与精神动力。

第三节　高校体育文化与社团、竞赛的融合

一、高校体育文化与体育社团的融合

社团犹如一扇通向学生课余精神文化世界的明亮之窗，它为学生提供了一个广阔的舞台，使他们得以在这个平台上充分展示个人的才华与魅力，同时也在这一过程中陶冶情操，实现身心的和谐成长与发展。从更深层次的角度来看，体育社团在无形中扮演着塑造学生体育观念与价值观的重要角色，它是体育文化在学生群体中生根发芽、茁壮成长的肥沃土壤。

体育文化作为一种潜在的力量，无时无刻不在潜移默化地影响着学生的体育思想与价值取向。它以一种润物细无声的方式，渗透进学生的日常生活与学习之中，塑造着他们对体育文化的认知与态度。体育社团，正是推动这一文化形成与发展的关键力量。通过组织丰富多彩的体育活动与竞赛，体育社团不仅为学生提供了锻炼与展示自我的机会，更在这一过程中促进了体育文化的交流与传播，使其得以在校园内生根发芽，开花结果。

反过来，体育文化的繁荣与发展，又为体育社团更好地发挥其功能与作用提供了强有力的支撑。一个充满活力与魅力的体育文化环境，能够吸引更多的学生参与到体育社团中来，使他们在这里找到归属感、获得成就感。同时，体育文化的深入人心，也使得体育社团在推动学生身心健康、促进校园体育事业发展等方面发挥了更加显著的作用。

体育社团与体育文化之间存在着密切而深刻的联系。体育社团不仅为学生提供了一个展示才华、陶冶情操的平台，更是推动体育文化形成与发展的关键力量。体育文化的繁荣与发展，又为体育社团更好地发挥其功能与作用提供了有力的支撑与保障。两者相辅相成，共同促进了校园体育事业的蓬勃发展。

（一）高校体育社团建设的意义

高校体育社团，其核心服务对象聚焦于学生群体。此类社团由学生自主发起并组建，它们以多样化的体育活动为基石，构建起了各具特色的团体架构。从内容层面来看，高校体育社团活动可谓内容丰富多彩，形式五花八门，这些特性使得它们在很大程度上成为丰富学生课余体育文化生活的重要源泉，同时也精准地回应了学生对体育需求的多元化追求。

进一步而言，在各类体育比赛的激烈对抗中，社团成员得以锻炼并培养出豁达开朗、勇敢坚韧等优秀品质，这些性格特质对于他们的个人成长而言无疑具有深远的影响。此外，体育社团还扮演着丰富高校学生课余生活的关键角色。它们通过组织各类体育活动与赛事，不仅为学生提供了释放压力、愉悦身心的平台，还促进了学生之间的交流与互动，增强了校园社区的凝聚力与活力。

高校体育社团作为学生自发组织的团体，以其丰富的内容与多样的形式，在丰富课余体育文化生活、满足学生体育需求、培养优秀性格品质等方面发挥了不可替代的作用。这些功能的实现，不仅有助于提升学生的综合素质与身心健康水平，还为构建和谐、活跃的校园文化氛围奠定了坚实的基础。

（二）高校体育社团对体育文化建设的作用

近年来，随着全民健身理念的深入人心与持续推广，高等学校在改革创新的浪潮中，日益重视并强化了体育文化的培育与弘扬。在此过程中，体育社团作为高校体育事业蓬勃发展中不可或缺的关键一环，已然演变成推动学生综合素质全面发展的核心平台。学生可依据个人的兴趣与偏好，自由选择加入某一个或几个体育社团，与志同道合的伙伴共同投身于体育交流与实践的广阔天地。

体育社团的推行，不仅有效地弥补了当前高校体育教育体系中存在的某些局限性问题，更为学生提供了广阔而灵活的体育学习与实践空间。学生在社团活动中，不仅能够享受到体育带来的乐趣与激情，更能够在交流与切磋中，不断提升自身的体育技能与团队协作能力。这种以学生为主体的体育社团参与模式，极大地激发了学生参与体育活动的积极性与主动性，使得体育社团在高校体育体系中的地位与作用日益凸显，成为推动高校体育事业高质量发展的关键力量。

（三）高校体育社团与体育文化互动模式的构建

1. 注重体育社团活动，推动社团发展

高校领导应当主动引领体育社团的负责人，积极开展宣传推介工作，特别是在迎接新生入学的关键时期，向他们详尽地介绍体育社团的各类活动、成员构成以及核心理念，以期能够吸引更多怀揣热情与梦想的新生加入其中，共同为体育社团的繁荣发展贡献力量。总而言之，体育社团的茁壮成长与持续发展，离不开学校领导的高度重视与科学指导。

2. 营造良好的体育活动氛围

高校应当增加对体育社团的资金扶持力度，致力于建设适宜当前社团发展需求的运动场地，并同步配备器械设施。针对诸如网球这类技术门槛较高的运动项目，若缺乏资深教练员的悉心指导，学生可能会陷入频繁捡球的低效训练循环中，甚至会因动作不规范而导致运动伤害，从而严重削弱其参与运动的积极性与学习热情。鉴于此，引进具备专业素养的教练员，对于全面提高社团的整体竞技水平及运动技能具有重要的作用。此举不仅能够确保学生在专业指导下高效学习，还能有效预防运动伤害，保障学生的身心健康，进而激发学生的运动潜能与学习兴趣。

3. 加强体育社团管理，塑造高校特色体育文化

在高校中，众多体育社团时常陷入仅作为单纯娱乐活动的困境，这一现象的根源在于管理机制的缺失与不健全。长期以来，学校对于社团的监管过度依赖学生的自我管理，这种管理模式导致管理上的松懈与不规范。鉴于此，高校应当深刻认识到问题的严重性，并将社团骨干成员的培养工作正式纳入学生会干部培养体系的范畴之内。通过设立清晰明确的培养目标，定期组织系统化、专业化的培训活动，全面提升社团骨干成员的管理能力与专业素养。这一系列举措的实施，旨在从根本上强化社团管理的专业性，确保社团能够在有序、规范的轨道上运行，向更具价值与意义的方向发展。

4. 深植体育文化，促进社团与体育文化的高效互动

高校在推动体育社团蓬勃发展的同时，还需着力深化与拓展校园体育文化的内涵与外延。在社团内部结构的优化上，应采取分层次的个性化教学模式，清晰界定并传

达社团的发展目标与核心价值理念,以此激发每位成员对体育活动的热忱参与和积极贡献。此外,为了进一步强化校园体育文化的影响力与渗透力,学校应当定期策划并组织丰富多彩的体育赛事展示活动,为广大学生搭建一个展示自我风采、彰显青春活力的广阔舞台。通过这些活动的举办,不仅能够有效提升学生的综合素质与团队协作能力,还能让体育活动成为校园生活不可或缺的一部分,深入渗透到学生的日常学习与生活中,促进其全面发展。

二、高校体育文化与竞赛的融合

高校体育活动中的竞赛环节,作为高校体育文化这一范畴内的核心构成,不仅是高校体育文化活动不可或缺的精彩篇章,更是集中体现了高校体育文化的多样特征与多元功能。它如同一扇明亮的窗口,既生动展现了高校体育文化的独特魅力,又有效促进了高校体育文化的广泛传播与深入影响。近年来,随着高校体育事业的蓬勃推进与持续繁荣,高校体育竞赛在构建与丰富校园文化内涵、促进学生综合素质全面提升方面所扮演的角色愈加重要且显著。它不仅成为塑造校园文化特色与风貌的关键因素,更是推动学生身心健康、能力拓展与个性发展的重要途径,其价值与意义不容忽视。

(一)高校体育竞赛在当前社会背景下的地位

在当前复杂多变的社会环境中,高校体育竞赛正日益凸显其重要性,成为推动高校文化建设与创新的关键举措。随着社会对于复合型人才需求的持续攀升,高校体育竞赛的功能已远远超越了单纯技能培养的范畴,它逐步演变为一个全面提升学生综合素养与能力的有效平台。体育运动,这一传统上被视为增强体质、促进健康的手段,如今更被赋予了全面塑造个体综合素质的重任。

通过积极投身体育竞赛的激烈角逐中,学生得以在紧张刺激的比赛氛围中,不断锤炼自身的意志品质,培养坚韧不拔的精神风貌。同时,体育竞赛也成为锤炼团队协作精神、增强集体凝聚力的绝佳场合。学生在并肩作战的过程中,学会了相互协作、彼此支持,共同面对挑战、克服困难。这些经历与体验,无疑为学生的个人成长与综合素养的提升注入了强大的动力与活力。

高校体育竞赛在当前社会背景下,正以其独特的魅力与价值,成为推动高校文化建设、提升学生综合素养不可或缺的重要力量。

（二）高校体育竞赛在体育文化建设中的价值

高校体育文化与高校体育竞赛之间存在着紧密的隶属关系，同时它们之间也相互交融、彼此促进，形成了一种互为支撑、共同发展的动态关系。在这一互动过程中，高校体育竞赛在高校体育文化建设中所展现出的应用价值，具体可以从以下几个维度进行深入探讨。

一方面，高校体育竞赛作为体育文化的重要载体，通过独特的竞技形式与活动内容，生动展现了体育文化的精髓与魅力，为高校体育文化的传播与弘扬提供了强有力的支撑；另一方面，高校体育竞赛的举办与参与，不仅丰富了学生的课余生活，更在潜移默化中培养了学生的团队合作精神、竞争意识以及坚韧不拔的意志力，这些品质正是高校体育文化所倡导与追求的核心价值所在。

此外，高校体育竞赛还为体育文化的创新与发展提供了广阔的空间与平台。在竞赛的筹备与实施过程中，各种新颖独特的体育活动与创意策划层出不穷，这些创新元素不仅丰富了体育文化的内涵与外延，更为高校体育文化的持续繁荣注入了源源不断的活力与动力。

综上所述，高校体育竞赛在高校体育文化建设中的应用价值是多维度、全方位的，它既是体育文化传承与发展的重要途径，也是培养学生综合素质的有效手段。

（三）高校体育竞赛的文化建设策略

1. 完善体育竞赛规划

（1）组织架构与赛程安排

为了确保高校体育竞赛能够平稳且高效地推进，构建一套完善且健全的组织架构显得尤为重要。高校应当着手成立一个专门的体育竞赛管理机构，该机构需清晰界定并分配各个比赛项目的具体职责，确保每一项赛事都有专门的责任部门及人员来统筹规划与执行。这一举措将极大地促进比赛各个环节的专业化管理，保障赛事的高效有序运行。

在制定赛程计划时，必须充分考虑每个比赛项目的独特性与实际需求，精心规划，以避免时间上的冲突与重叠。通过科学合理的赛程设计，可以最大限度地确保学生能够根据自身兴趣与能力，全面且深入地参与到各类体育竞赛中来。这不仅能够丰富学生的课余生活，更能在实践中培养他们的团队合作精神、竞技意识以及坚韧不拔的意志力。

（2）涵盖不同层次、类型的比赛

为了充分响应并满足学生群体多样化的体育需求，高校应当着手制定一套详尽且全面的体育竞赛发展规划，该规划需涵盖多个层次、多种类型的体育赛事，以确保学生都能找到适合自己的竞赛。在规划的具体实施过程中，传统的体育竞技项目无疑扮演着举足轻重的角色，它们不仅能够吸引那些热爱体育锻炼的学生积极参与，更能在激烈的竞技氛围中，有效培养学生的团队协作能力、竞技拼搏精神以及面对挑战时的坚韧毅力。

此外，为了进一步提升体育竞赛的吸引力与参与度，学校还应在传统项目的基础上，积极探索并引入新兴、时尚的体育项目，以丰富竞赛内容的多样性与趣味性。通过构建这样一个多元化、包容性的体育竞赛体系，学校不仅能够有效激发学生的运动热情，还能在无形中培养他们的规则意识、公平竞争精神以及积极向上的生活态度。

（3）设计奖励机制

为了促进高校体育竞赛的全方位进步与繁荣，精心策划并实施一系列激励措施，以及构建一个公正、透明的奖励体系，显得尤为重要。在此过程中，我们不仅要对在竞赛中脱颖而出的团队或个人给予表彰与奖励，更应着重关注并表彰那些在团队合作、创新思维以及竞技精神等方面表现卓越的学生。

奖励机制的设计应当充分考虑体育竞赛的多元价值，不仅局限于比赛结果的胜负。这些非传统奖项上的奖励，不仅能够丰富体育竞赛的内涵与外延，更能在无形中塑造学生积极向上的人生态度，为他们的全面发展奠定坚实的基础。

推动高校体育竞赛的全面发展，需要我们以更加全面、深入的视角来审视奖励机制的设计与实施，确保每一位参与者都能在其中找到自己的价值所在，共同推动高校体育文化的繁荣与进步。

2.鼓励多元化参与

为了进一步扩大体育竞赛在学生群体中的影响力与参与度，高校应积极探索并引入一系列新颖且富有创意的比赛形式，诸如文体融合型赛事、面向大众的体育竞赛等，以期为学生提供更多样化、更具吸引力的参与平台。通过这些别具一格的竞赛形式，不同兴趣爱好的学生均能找到与自身相契合的体育项目，从而有效促进体育活动的多元化参与，进一步点燃学生对体育运动的广泛热情。

这种创新性的竞赛形式，不仅是对传统体育竞技框架的一种突破与超越，更是对学生参与体育活动兴趣与积极性的一次深度激发。它打破了传统竞技赛事的单一性与局限性,为学生提供了更加广阔、更加自由的展示空间,使他们在享受运动乐趣的同时,也能够不断提升自身的身体素质、团队协作能力以及面对挑战时的心理调适能力。

引入多元化的比赛形式,是吸引更多学生参与体育竞赛、推动校园体育文化建设的重要举措。它不仅能够丰富学生的课余生活,更能在无形中培养他们的健康生活方式与积极向上的生活态度,为他们的全面发展奠定坚实的基础。

第四节 高校校园体育文化的环境建设与发展

一、高校校园体育文化环境建设的要求

高校校园体育文化不仅是开展高校体育活动的核心依托,还涵盖了高校内所有与体育相关的活动内容与形式。在推进校园体育文化环境建设的过程中,高校应当结合自身的体育特色与优势,充分整合并利用好校内体育资源,致力于提升体育场馆的文化内涵与品位,深入挖掘并激发学生的体育潜能与兴趣。

此外,为了不断丰富体育文化的内涵与外延,高校还应积极创新体育文化项目,引入多样化的体育活动形式,以满足不同学生的体育需求与兴趣。通过这些举措,不仅能够有效促进学生的身体素质提升,还能在无形中增强学生的文化素养与综合能力,为他们的全面发展奠定坚实的基础。

高校校园体育文化环境的建设是一项系统工程,需要高校从多方面入手,综合施策,以期在营造浓厚体育氛围的同时,为培养德智体美劳全面发展的社会主义建设者和接班人贡献力量。

二、高校校园体育文化环境建设的原则

(一) 主体性原则

在高校校园体育文化环境建设的进程中,主体性原则占有举足轻重的地位。这一原则强调,应当紧密围绕学生的实际需求与个性特点,将学生置于体育文化建设的核心位置,以此为导向,积极推动体育文化环境的构建与优化。学生群体,作为高校校园体育文化的核心主体,他们的积极参与与深刻体验,无疑是衡量校园体育文化建设成效的关键标尺。

主体性原则要求我们在推进校园体育文化环境建设时,必须充分尊重学生的主观意愿,倾听他们的声音,理解他们的需求。通过设计丰富多彩的体育活动与项目,激发学生的参与热情,让他们在亲身实践中感受体育文化的魅力,进而加深对体育精神的认同与传承。同时,我们还应注重提升学生的体育文化素养,通过系统的体育教育与培训,帮助他们掌握必要的体育知识与技能,为他们的体育发展打下坚实的基础。

校园体育文化环境建设的主体性原则,不仅体现了对学生主体地位的尊重与肯定,更是推动高校校园体育文化环境向更高水平发展的重要保障。

(二) 与时俱进原则

在高校校园体育文化环境建设的征途中,紧跟时代潮流、积极践行与时俱进的原则显得尤为重要。这一原则敦促我们,高校校园体育文化必须紧密贴合社会发展的实际需求,敏锐捕捉人们观念变迁的脉搏,勇于进行自我革新、创新求变,以期在不断变化的环境中保持蓬勃的生命力与持久的吸引力。

具体而言,我们应当密切关注社会发展的新趋势与新要求,以及学生群体对于体育文化的多元化需求,以此为导向,对校园体育文化环境进行适时的调整与优化。通过引入新颖的教育理念、创新的教学方法以及丰富的体育活动形式,不断激发学生的参与热情,提升他们的体育文化素养,为他们提供更加优质、更加贴合时代特点的体育教育服务。

同时,我们还应注重高校校园体育文化的传承与创新并重,既要深入挖掘并传承体育文化的深厚底蕴,又要勇于开拓创新,为校园体育文化注入新的活力与元素。通过这一系列举措,我们既能为学生提供更加丰富多彩的体育文化生活,又能在无形中培养他们的健康生活方式与积极向上的生活态度,为他们的全面发展奠定坚实的基础。

（三）统筹协调原则

在高校校园体育文化环境建设的蓝图中，统筹协调原则扮演着至关重要的角色，它犹如一根无形的纽带，将这一复杂系统中的各个构成要素紧密相连，确保它们能够相互支撑、协同发展，共同推动整体环境的优化升级。

在此过程中，统筹协调原则的重要性愈加凸显，它要求我们在推进高校校园体育文化环境建设时，必须全面考虑、综合权衡，既要注重各项具体工作的有序推进，又要确保它们之间的相互衔接与配合，以实现整体效益的最大化。这一原则主要体现在以下两个方面：一方面，它强调在资源分配与利用上要做到统筹兼顾，确保各类体育资源能够得到合理、高效的配置；另一方面，它要求在体育活动的组织与文化氛围的营造上要实现相互协调，确保各项体育活动能够有序开展，同时营造出积极向上的体育文化氛围，从而得到广大师生的广泛认同与积极参与。

综上所述，统筹协调原则在校园体育文化环境建设中具有举足轻重的地位，它不仅是推动高校校园体育文化全面发展的关键所在，更是实现高校校园体育文化环境整体优化的重要保障。

三、高校校园体育文化环境的未来发展

随着时代的不断前行与社会的持续进步，全国各高校纷纷投身校园体育文化环境的建设浪潮之中，致力于强化校风、学风，并已取得了令人瞩目的成就。在这一进程中，各高校充分利用了形式多样的体育活动作为载体，精心打造独具魅力的高校校园体育文化，不仅彰显了各自的办学特色，还极大地丰富了校园文化的内涵。

值得一提的是，为了进一步提升校园体育文化的品质与层次，各高校积极拓宽国际视野，主动将国际先进的体育文化理念与元素引入校园，实现了与国际潮流、时代精神的紧密接轨。通过这一系列的创新举措，不仅促进了校园体育文化的多元化发展，还为其注入了新的活力与动力，使得校园体育文化在传承中创新，在创新中发展，逐步形成了具有鲜明时代特征与国际化色彩的校园体育文化新风貌。

综上所述，全国高校在校园体育文化环境建设方面所取得的成就，不仅彰显了其对时代精神的深刻把握与积极响应，更体现了其在推动校园文化繁荣发展方面的不懈努力与积极探索。

第四章　高校体育文化传播与体系构建

高校体育文化传播与体系的构建，肩负着维系体育精神血脉、彰显校园文化魅力的重要使命。本章将深入剖析高校体育文化传播的内在机制与体系构建的精髓，着重探讨体育文化记忆的生动传承模式、学生群体体育文化的层次化传播特征，以及新媒体时代背景下高校体育文化传播的策略布局。在此基础上，进一步分析新媒体在促进体育文化传播过程中所扮演的积极角色，并探讨在生态体育理念引领下，如何科学构建校园体育文化的完整体系。

我们将从体育文化记忆的活态传承入手，探究如何通过多样化的方式与途径，使体育文化精神得以在校园内生生不息、代代相传。同时，关注学生群体体育文化的圈层化传播现象，分析不同圈层间体育文化的交流互动与影响，揭示其背后的社会心理与文化逻辑。在新媒体环境日益成熟的今天，我们还将深入剖析新媒体技术如何为高校体育文化传播提供新的平台与可能，探讨其在扩大传播范围、增强传播效果方面的独特优势。

生态体育作为新时代背景下的一种全新理念，对于校园体育文化的体系构建提出了新的要求与挑战。本章将结合生态体育的核心要义，探讨如何在校园体育文化的体系构建中融入生态理念，以实现体育文化的可持续发展与生态平衡。通过这一系列深入的分析与探讨，旨在为推动高校体育文化繁荣发展、构建特色鲜明的高校校园体育文化传播体系提供参考。

第一节　高校体育文化记忆的活态传承

历经岁月的洗礼与交融，高校体育文化既吸纳了体育文化中的卓越性、竞技性以及系统性等鲜明特质，又融合了高校文化中的普及广泛性、娱乐休闲性以及自主自发性等多元属性。这种独特的文化融合，使得高校体育文化成为一种兼具体育精神与学术氛围的复合体。

高校体育文化记忆与高校体育历史文化的深厚积淀存在着千丝万缕的联系。高校体育文化记忆的承袭，不仅关乎着高校体育历史文化源头的追溯、发展脉络的梳理，更对于演变历程的洞察以及未来发展方向的引领具有举足轻重的作用。它如同一面镜子，映照出高校体育文化在不同历史时期的独特风貌，也如同一座灯塔，指引着高校体育文化在未来的道路上持续前行、不断创新。

因此，深入探讨高校体育文化记忆的传承机制，不仅有助于我们更好地理解高校体育历史文化的丰富内涵与独特价值，更能够为推动高校体育文化的繁荣发展、构建具有鲜明特色的高校体育文化体系提供有益的启示与借鉴。

活态传承是一种将文化、知识、传统或习俗等要素在现实社会环境中，通过持续且充满活力的实践活动进行传递与弘扬的方式。它超越了静态记录，为文化传承注入了生命力。在高校体育文化领域，活态传承的应用尤为关键，它能够通过多维度、多层次、多形式的实践活动，将高校校园文化与体育文化的深厚历史底蕴与精神内涵生动展现给广大师生。

具体而言，高校体育文化通过活态传承，不仅能够将校园体育的历史事实以鲜活的形式呈现，还能够深入挖掘并传承其中蕴含的精神价值与文化精髓。这些实践活动，如体育赛事的举办、体育精神的宣讲、体育文化的展览等，共同构成了一个立体而丰富的传承体系，让师生在参与中感受文化，在体验中铭记历史。

更重要的是，活态传承能够唤起师生对过往体育事件的深刻回忆，激发他们对校园体育文化的认同感与归属感。这些记忆不仅是对历史的回顾，更是对精神的传承，它们将在师生心中生根发芽，成为推动高校体育文化持续发展的不竭动力。因此，活态传承不仅是对高校体育文化历史的一种尊重与传承,更是对其未来发展的一种创新与推动。

一、高校体育文化记忆活态传承的可行性

在全面审视高校体育文化传承的过程中,我们既要深入探索物质形态的传承路径,如体育设施、器材以及历史文物等,也要深刻把握生动鲜活、充满活力的传承方式。这些物质形态的传承,构成了高校体育文化传承的坚实基础与直观展现。然而,仅仅依赖这些静态的物质载体是远远不够的,我们更需要关注那些蕴含在高校体育活动中,通过师生的实践、体验与传承而得以延续的精神内涵与文化精髓。

活态传承,作为高校体育文化传承的重要组成部分,它强调的是在体育活动、赛事以及日常实践中,通过师生的积极参与、互动与创造,体育文化得以生动展现与持续发展。这种传承方式不仅赋予了体育文化的生命力与活力,更使其成为连接过去与未来、传统与现代的桥梁。通过活态传承,高校体育文化得以在师生心中生根发芽,成为他们共同的精神财富与文化认同。

因此,要全面理解高校体育文化的传承过程,就必须将物质形态的传承与活态传承紧密结合,共同构成高校体育文化传承的完整图谱。这不仅有助于我们深入挖掘与传承高校体育文化的深厚底蕴,更能够为推动其创新发展提供有力的支撑与保障。

(一)物态记忆与活态记忆存在关系

物态记忆与活态记忆是两个相辅相成、互为补充的概念范畴。具体而言,物态记忆侧重于事物的物质性、实体性特征,其意义在于固化与稳定,为文化传承提供坚实的物质基础与可靠的历史见证。相对而言,活态记忆则蕴含了更为丰富的生命力与动态性,它强调的是文化的有机活化与灵活变动,为文化传承注入源源不断的活力与创新。

在高校体育文化的传承过程中,活态记忆扮演着至关重要的角色。它不仅能够全面而生动地展现各个历史时期高校体育文化的物质特征与文化底蕴,还能够让不同阶段的体育特色在传承中进行自我对比与反思,从而推动高校体育文化在发展过程中不断巩固其多元化特性,实现文化的持续繁荣与创新发展。

进一步而言,活态记忆的传承不仅有助于深入挖掘与传承高校体育文化的深厚底蕴,更能激发师生对体育文化的认同感与归属感,增强他们的文化自觉与文化自信。通过记忆活态传承,高校体育文化得以在师生心中生根发芽,成为他们共同的精神家

园与文化标识。因此，我们应高度重视活态记忆在高校体育文化传承中的作用，积极探索有效的传承路径与策略，以推动高校体育文化的繁荣发展。

（二）高校体育文化活态传承与可持续发展

高校体育文化作为一种独特的校园文化形态，深刻映射出高校在不同历史时期与社会发展阶段的文化特质与审美追求。这种文化形态，以校园内特有的审美标准为衡量尺度，集中体现了体育精神在高校环境中的呈现、积累与升华过程。在活态传承机制的推动下，高校体育文化通过不断地积累与总结，得以持续深化，并在不同的历史节点上焕发出新的生机与活力。

具体而言，活态传承不仅为高校体育文化注入了鲜活的生命力，更使其能够紧密融入校园生活的实际，与校园的审美倾向高度契合。在这一过程中，高校体育文化不断汲取新的元素，摒弃过时的内容，从而在传承中实现了自我更新与自我超越。这种动态的传承方式，使得高校体育文化能够在不同历史时期始终以符合时代精神与校园特色的崭新姿态呈现出来，从而进一步增强了其在校园内的吸引力与影响力。

因此，活态传承不仅是高校体育文化得以延续与发展的重要保障，更是其不断适应时代变迁、保持文化活力的关键所在。通过活态传承，高校体育文化得以在积累中总结，在总结中创新，进而在校园文化中绽放出更加璀璨的光芒。

二、高校体育文化记忆活态传承的必然性

随着我国经济的迅猛增长，高校体育文化在传统文化底蕴、社会文化背景、体育精神风貌以及校园文化氛围的多重影响下，逐渐形成了独具特色的校园文化特性，包括多元性、内聚性、相对封闭性及完整性等。这些独特的校园文化特性不仅丰富了高校体育文化的内涵，也为其赋予了独特的魅力与价值，使其在传承和发展过程中展现出强大的生命力和影响力。

在高校体育文化记忆的活态传承过程中，不仅注重挖掘并展现高校体育文化的内在特质，如团队精神、竞技意志、公平竞争等，还注重强调鲜明的时代特点，如创新思维、开放包容、科技赋能等。通过活态传承，高校体育文化记忆得以在动态的传承中不断发展和创新，其内在特质与时代特点得到全面而深刻的体现。

因此，活态传承不仅是高校体育文化得以延续与发展的重要基石，更是其不断焕发新生、保持活力的关键所在。通过这一传承方式，高校体育文化得以在多元文化的

碰撞与交融中，不断汲取新的养分，丰富自身的内涵，进而在校园文化中绽放出更加璀璨的光芒。

（一）活态传承是高校体育文化记忆传承的必然

在高校这一独特的学术与文化场域中，体育文化以鲜明的动态特质区别于其他校园文化形态，为师生提供了物质与精神的双重滋养。这种独特的文化魅力，主要依托于活态记忆的传承机制，它如同一面镜子，不仅映照出不同历史时期人们在物质追求与精神向往上的多元差异与变迁，更折射出高校体育文化与时俱进的演化脉络。

随着来自不同领域与层面的文化元素持续不断地融入，高校体育文化展现出了极强的包容性与吸纳力。它不仅在传承中保留了自身的传统精髓，更在与时俱进的过程中，积极吸收并接纳了诸多新兴的文化元素。这一过程不仅丰富了高校体育文化的内涵，更使其在现代社会中呈现出多元与开放的面貌。

因此，现代高校体育文化在活态传承与多元文化的交融中，不断焕发着新的生机与活力。它以一种更加包容、开放与创新的姿态，成为校园文化亮丽的风景线，为人们提供了丰富的精神滋养与文化享受。

（二）活态传承促进高校体育文化记忆的创新融合

高校作为思想与文化交融的重要阵地，在传承与发展体育文化记忆方面具有不可替代的地位。特别是在新时代背景下，高校体育文化不仅承载着历史积淀，更面临着与现代社会深度融合、持续创新的时代命题。通过活态传承，高校体育文化记忆得以在动态互动中焕发新生，实现传统精神与现代需求的协同共振。

活态传承强调的是在继承基础上的再创造，它打破体育文化静态保存的局限，使传统体育项目、体育精神和校园体育制度等要素与现代教育理念、科技手段、审美趣味相融合。例如，高校通过数字化手段重现传统体育赛事，将非物质文化遗产类体育活动融入校园体育课程，此举既保留其文化本源，又增强了时代感与参与性。这种传承方式，不是对旧有形式的简单重复，而是在"用中传""做中悟""赛中弘"的过程中实现文化记忆的再激活。

高校体育文化的活态传承也推动了文化创新机制的形成。传统与创新不再是对立的两极，而是共同构建高校体育文化生态的重要力量。在传承中创新，在创新中发展，使体育文化记忆得以持续更新并融入新时代语境，从而呈现出"古为今用，推陈出新"的融合特征，这不仅提升了高校体育文化的影响力和凝聚力，也为构建具有时代特征和校园特色的体育文化体系提供了坚实支撑。

（三）活态传承是高校体育文化记忆传承的推动

活态传承是高校体育文化记忆最具核心价值的特征体现。它不仅能够生动再现不同历史时期高校体育文化的独特风貌与多元形态，更能以创新的方式将传统精髓融入当代高校体育文化建设之中。这一机制既是对历史文化的尊重与传承，更是推动高校体育文化繁荣兴盛的重要引擎。通过活态传承，我们能够积累丰富的实践范例与创新路径，这些宝贵的经验将为高校体育文化的可持续发展提供重要的理论支撑和实践指导。

三、高校体育文化活态传承的实现机制

在高校文化建设的宏观视野下，如何将高校体育文化深度融入，并确保活态传承机制得以有效运行，是我们在探索高校体育文化传承路径时必须解决的一个重要课题。这一问题的深入探讨不仅关乎高校体育文化能否在校园文化的沃土中生根发芽、茁壮成长，更直接影响到高校体育的文化价值能否得到广泛认同与深刻体现。因此，深入剖析高校体育文化活态记忆传承的内在机制，对于推动其在校园文化中的进一步发展具有至关重要的意义。

具体而言，高校体育文化活态记忆传承机制，不仅有助于我们更好地挖掘和传承体育文化精髓，还能为我们在校园文化中进一步弘扬与发展高校体育文化提供有益的启示。通过这一机制，我们能够系统梳理高校体育文化的历史渊源、发展脉络与未来趋势，为体育文化在校园文化中的繁荣发展奠定坚实基础。因此，对于活态传承机制的深入研究与实践探索，将成为推动高校体育文化繁荣发展的重要着力点，对提升校园文化建设的整体水平具有重要意义。

（一）将高校体育文化融入日常学习生活中

高校所独有的环境氛围，为体育文化的历史演变铺设了独特的土壤，进而孕育出了鲜明的文化特色，使其成为承载高校体育历史与体育文化的重要媒介。鉴于此，为确保高校体育文化活态传承的有效运行，必须将体育文化深度融入师生的日常学习实践、生活体验与工作历程之中。

具体而言，高校体育文化不应仅仅停留于理论层面的探讨与研究，而应成为师生日常生活与学习不可或缺的一部分。通过多样化的体育活动、赛事以及文化交流项目，

让师生在亲身参与中感受体育文化的魅力,理解其背后的历史脉络与精神内涵。这样一来,高校体育文化不仅能够得到更为广泛的传播与普及,其活态传承机制也将在师生的共同努力下,实现更为深入与有效的运转。

(二)将高校体育文化融入产业开发机制

在高校体育文化活态传承体系中,产业开发始终是核心议题。随着高校产教融合的深入推进,高校体育文化所触及的领域呈现出产业化延伸态势。这不仅为学生拓宽了就业领域,还有力地促进了高校—产业—社会的交融与互动。文化产业发展的核心在于创新,它要求我们在坚守传统文化精髓的基础上,不断顺应现代社会的多元需求,通过科技赋能和产业耦合,实现文化产业的转型升级与繁荣发展。

具体而言,高校体育文化的产业开发不应局限于传统的体育赛事与活动,而应积极探索与现代科技深度融合的新模式与新路径。通过引入先进的科技手段与创新的经营理念,我们可以将高校体育文化打造成为具有强大市场竞争力的文化产业品牌,为高校带来更为丰富的社会效益与经济效益。这一过程不仅有助于提升高校体育文化的社会影响力与认知度,更为其活态传承机制的长效运行注入了新的活力与动力。

(三)将高校体育文化融入体育课堂教学

将体育文化的精髓融入高校课堂教学体系,是推进体育改革向纵深发展的关键举措,同时也是确保高校体育文化深入人心、广泛传播的有效途径。通过这一途径,体育文化不仅能够凸显学生在文化传承中的主体地位,还能提升学生的自我价值。在体育课堂的学习与实践中,学生不仅能够收获学业上的满足感与成就感,更能够激发他们的体育热情与参与意愿,进而增强他们主动传播与弘扬高校体育文化的内在动力与积极性。

具体而言,将高校体育文化融入体育课堂教学,不仅能够让学生在学习体育知识、掌握体育技能时,感受自我成长的喜悦与成就感,还能够通过丰富多彩的体育活动与竞技比赛,激发学生的团队精神与集体荣誉感。这些积极的情感体验与心理效应,将进一步促使学生成为高校体育文化的积极传播者与践行者,为高校体育文化的繁荣发展贡献自己的力量。因此,将高校体育文化融入体育课堂教学,不仅是深化体育改革的必然要求,也是推动高校体育文化广泛传播与深入人心的有力举措。

第二节　大学生群体体育文化的圈层化传播

在高校这一独特的教育环境中，大学生群体体育文化的圈层化传播现象日益显著。这一现象主要指的是，大学生借助网络平台、社交媒体等多种媒介手段，基于彼此间相似的兴趣偏好、身份认同等，逐渐构建起了多个层次鲜明、互动紧密的体育文化圈层。这些圈层化传播模式，通过多维度、全方位的信息交流与互动，不仅打破了传统校园体育文化传播模式在空间与时间上的限制，还极大地促进了体育文化在大学生群体中的多样化呈现与裂变式传播。

大学生群体体育文化的圈层化传播呈现出以下几个核心特征。首先，传播主体的多元化。在这一传播模式中，大学生既是信息的接收者，也是信息的创造者与传播者，他们通过各自的圈层网络，不断推动着体育文化的传播与扩散。其次，信息内容的差异化。不同的体育文化圈层往往聚焦于不同的体育领域或话题，从而形成了各具特色的信息内容，这些差异化的信息内容进一步丰富了校园体育文化的内涵与外延。最后，圈层关系的层级化。大学生群体体育文化的圈层化传播并非杂乱无章，而是呈现出一种清晰的层级结构，不同层级的圈层之间既相互独立又相互联系，共同构成了一个复杂且有序的体育文化传播网络。

大学生群体体育文化的圈层化传播现象，不仅打破了传统校园体育文化传播的局限，还促进了体育文化在大学生群体中的多样化、裂变式传播，为校园体育文化的繁荣发展注入了新的活力与动力。

一、大学生群体体育文化传播的圈层类型

（一）体育文化线下传播圈

体育文化线下传播的一种典型表现形式，是圈层成员因特定原因在现实空间中的聚集行为。相较于在网络空间中的活跃程度，大学生在这类线下圈层中的参与度呈现出相对较低的趋势。然而，从全局视角审视，体育文化线下传播圈在地理区位上展现出得天独厚的优势，这一优势为圈层内部成员间的互动与交流提供了极为便利的条件。

体育文化线下传播圈往往依托于特定的地理位置或实体空间,如校园内的体育场、体育馆或周边的运动场所等。这些特定的地里位置或实体空间不仅为圈层成员提供了进行体育活动与交流的物理空间,还因地理位置的邻近性,促进了成员间更为频繁与深入的互动。相较于网络空间的虚拟性,线下传播圈的地理位置优势使得成员间的联系更为紧密,关系更为稳固,从而有利于形成更为稳固且富有活力的圈层结构。

体育文化线下传播圈的地理位置或实体空间的优势还体现在其能够吸引更多具有相同兴趣与需求的个体加入。由于这些场所通常与体育活动紧密相关,因此能够吸引那些对体育感兴趣或热衷体育锻炼的大学生前来参与。这种聚集效应不仅进一步扩大了圈层的规模,还为圈层内部的文化交流与传播提供了更丰富的资源与更广阔的舞台。

体育文化线下传播圈的地理位置或实体空间上的优势,为成员间的互动与交流提供了极为有利的条件,从而有利于形成更为紧密且富有活力的圈层结构,为体育文化的传播与发展注入了新的活力。

(二)体育文化线上传播圈

大学生体育文化线上传播是个体通过具有高度即时性和互动性的在线媒介平台,形成的专注于体育文化传播的虚拟社群。这一社群不仅是当下大学生体育文化传播的核心场域,更预示着未来圈层化传播将向数字化、智能化方向发展。

大学生体育文化线上传播圈以即时通信工具、社交媒体及专业体育论坛等线上平台为依托,通过文字、图片、视频等多种形式,实现了体育文化的广泛传播与深度交流。这些平台不仅提供了便捷的沟通渠道,还因其互动性与即时性,极大地激发了大学生参与体育文化传播的热情与积极性。

大学生体育文化线上传播圈的形成与发展,反映了当代大学生对于体育文化的多元化需求与个性化追求。在这一社群中,大学生能够基于共同的兴趣与爱好,自由地表达观点、分享体验,进而形成独特的体育文化认同与归属感。这种认同与归属感不仅增强了社群的凝聚力与向心力,还为体育文化的持续传播与创新提供了源源不断的动力。

大学生体育文化线上传播圈作为当前大学生体育文化圈层传播的核心场域,不仅展现了线上媒体在文化传播中的独特优势,更预示着未来圈层化传播的重要趋势与发展方向。随着技术的不断进步与社会的持续发展,这一社群必将在推动体育文化传播、促进大学生全面发展等方面发挥更为积极的作用。

(三)体育文化线上线下共融传播圈

在探讨大学生体育文化的圈层化传播现象时,我们不难发现,除了单纯的线上或线下传播圈层外,还存在着一种独特的传播模式,即线上与线下并行不悖、相互交织的传播圈层。这种传播模式不仅丰富了体育文化的传播路径,也深刻影响了圈层内部的结构与动态。

在体育文化的圈层化传播进程中,线上互动作为连接个体成员的桥梁,扮演着至关重要的角色。通过频繁的线上交流与互动,个体成员之间逐渐产生了分化与分化后的聚合。一方面,部分成员因在互动中建立了深厚的情谊与信任,逐渐从线上的虚拟关系发展为线下的熟人关系,这种转变不仅加深了成员间的联系,也为体育文化的线下传播提供了更为坚实的基础。

线上与线下交织的传播模式使得具有相似属性与高度同质化特征的个体更容易聚集在一起。这些个体在共同的兴趣、价值观或行为模式等因素的影响下,形成了更为紧密且同质化的圈层。在这一过程中,线上互动为个体提供了发现彼此、建立联系的初步平台,而线下的实际接触与交往则进一步巩固了这种关系,拉近了彼此之间的距离。

大学生体育文化的圈层化传播中,线上与线下并行不悖、相互交织的传播模式不仅丰富了传播路径,也促进了圈层内部结构的多样化与动态化。通过频繁的线上互动与线下的现实交往,个体成员之间逐渐产生了聚合,形成了更为紧密且同质化的圈层,为体育文化的传播与发展注入了新的活力。

二、大学生群体体育文化传播的圈层特征

任何传播活动都蕴含着特有的属性与特质。大学生群体作为传播活动的一种具体形态所展现出的圈层化传播现象,同样呈现出一系列易于辨识与总结的特点。这些特点不仅构成了其与其他传播活动相区别的关键标识,而且深刻揭示了大学生群体在体育文化圈层化传播过程中,个体成员、群体组织以及体育信息三者之间复杂而独特的交互作用,进而塑造出鲜明且具有辨识度的圈层特征。

大学生群体的圈层化传播在多个维度上展现出独特性。在个体成员层面,大学生作为传播活动的主体,其兴趣偏好、社交行为及信息接收习惯等个性特征,在圈层化传播中得到了充分的体现与强化。在群体组织层面,大学生群体内部的同质化与差异化并存,使得圈层化传播在形成高度凝聚力的同时,也呈现出多样化的圈层特点。而

在体育信息层面，大学生群体对体育文化的热衷与追求，使得圈层化传播成为体育信息扩散与共享的重要渠道，进一步推动了体育文化的传承与发展。

综上所述，大学生群体体育文化的圈层化传播现象在多个方面展现出独有的特征，这些特征不仅构成了与其他传播活动相区别的关键要素，而且深刻反映了大学生群体在体育文化圈层化传播过程中与个体成员、群体组织及体育信息之间复杂而独特的交互关系，进而形成了具有鲜明特色与辨识度的圈层特征。

（一）自发性

大学生群体体育文化的圈层化传播现象，是一种源自个体高度自主性的行为模式，其特点在于个体通过自我驱动的行动逐渐会聚成群体。在这一过程中，圈层的构建并非基于任何外部组织的安排或审批流程，而是不同个体或群体基于共同兴趣与需求自发聚合的结果。相较于组织化的构建方式，这种圈层的本质更接近于一种自然形成的社群现象。

从圈层的概念出发，我们不难发现，它是相对于个体独立存在而言的，是个体间相互关联、相互影响而形成的一种特定结构。在圈层逐渐成形的过程中，其影响力不断向外扩散，吸引并吸纳着具有相似兴趣或需求的个体加入其中。这种影响力的扩散，不仅促进了圈层内部个体间的紧密联系与互动，还进一步推动了圈层与外部环境的交流与融合。

值得注意的是，随着圈层的不断发展与壮大，其内部个体的角色与身份也可能发生相应的变化。一些个体可能因其在圈层中的活跃表现与贡献，逐渐成为圈层的核心成员或领导者，进而对圈层的发展方向与动态产生更为深远的影响。同时，圈层内部也可能形成不同的子群体或亚文化，使得圈层的结构更加复杂且多元化。

大学生群体体育文化的圈层化传播现象，是一种高度自发的、基于个体共同兴趣与需求而形成的社群现象。在圈层形成与发展的过程中，其影响力不断扩散，吸引并影响着更多个体的加入与参与，从而形成具有独特结构与文化的社群结构。

（二）凝聚性

大学生群体所构建的社群往往更容易孕育出强烈的内部凝聚力，社群成员间展现出高度的心理契合性。这种现象的形成，主要源于其构建逻辑以相似性吸引为核心，即同质个体间的相互吸引与聚集。在这种逻辑驱动下，社群成员不仅在线下建立了稳固的关系网络，这种稳定性也能在线上环境中得到相对持续的维持。

每个社群成员所具备的共性特征,如相似的兴趣爱好、价值观或行为模式等,成为维系社群内部稳定性的重要纽带。这些共性特征促使成员间产生强烈的共鸣与认同感,进而促进心理层面的深度融合与相互理解。在此基础上,社群成员更倾向于在社群内部寻求归属感与满足感,从而进一步强化社群的内部凝聚力。

值得注意的是,社群成员间的这种心理相融性与内部凝聚力并非一成不变。随着社群的发展与外界环境的变化,成员间的共性特征可能会得到进一步的强化或调整,进而对社群的稳定性产生影响。由于社群构建逻辑的根本在于同质相吸,因此,即便在面临外部挑战或内部变革时,社群成员间仍能够基于共同的价值观与行为准则,保持相对稳定的社群结构,维护关系网络。

大学生群体所构建的社群,以其同质相吸的构建逻辑为基础,展现出强烈的内部凝聚力与心理相融性。这种稳定性不仅在线下环境中得到体现,亦能在线上环境中得到相对维持,为社群成员提供了一个充满归属感与满足感的社交空间。

(三)闭环性

只有那些与群体兴趣与关注焦点高度契合的信息,才能有效融入社群内部,成为社群成员间交流与共鸣的核心。这一信息筛选机制所展现出的闭环性特征,并不仅仅局限于对圈内信息的过滤与筛选,更在深层次上对大学生群体体育文化传播的整个流程产生了不可忽视的影响。

闭环性确保了圈子内部信息的高度一致性与针对性,使得成员间的交流与讨论能够聚焦于共同的兴趣与关注点,从而促进了体育文化的深度传播与共享。同时,由于信息的筛选与过滤是基于群体的共同兴趣与需求,因此,这种机制也在一定程度上增强了群体内部的凝聚力与认同感,为体育文化的持续传播提供更为坚实的基础。

值得注意的是,闭环性也可能带来一定的局限性。一方面,它可能导致圈子内部信息的过度同质化,限制了社群成员间交流与讨论的广度与深度;另一方面,它也可能阻碍圈子与外部环境的互动与交流,使得体育文化的传播范围受到一定程度的限制。因此,在利用闭环性促进体育文化传播的同时,我们也应警惕其可能带来的负面影响,并寻求在保持信息一致性与开放性的平衡中推动体育文化的健康发展。

闭环性作为大学生群体体育文化传播过程中的一个重要特征,不仅影响着社群内部信息的筛选与过滤,更在深层次上对文化传播的路径与效果产生了显著影响。在利用这一特征推动体育文化传播的同时，我们也应关注其可能带来的局限性，并寻求在保持信息一致性与开放性的平衡中推动体育文化的健康发展。

（四）排他性

大学生群体普遍倾向于构建非正式的社群结构，这类社群往往表现出鲜明的自我保护特性与对外排斥倾向。社群内部成员因深厚的情感纽带和相互依赖关系，形成了一道坚固的凝聚力屏障。

这种非正式社群结构的排他性与自卫性，在一定程度上源于成员间共同的兴趣、价值观和经历所塑造出的强烈认同感。这种认同感促使成员在面对外部威胁或挑战时，能够迅速团结一致，形成强大的自我保护力量。同时，社群内部的情感联系与相互依赖，也进一步强化了成员间的紧密关系，使得社群在面对外部干扰时能够保持高度的稳定性与一致性。

虽然这种排他性与自卫性在一定程度上有助于维护社群的内部稳定与秩序，但也可能导致社群与外部环境的隔离与疏远。因此，在构建与维持社群凝聚力的同时，我们也应关注其可能带来的负面影响，并寻求在保持社群内部稳定与外部开放之间找到恰当的平衡点。

总之，大学生非正式社群的排他性与自卫性特征，虽能有效增强内部团结与稳定性，但也可能成为阻碍社群与外界交流的壁垒。在享受社群带来的归属感与安全感的同时，必须警觉到过度封闭可能引发的创新缺失与视野局限。因此，积极倡导开放包容的社群文化，鼓励成员拓展社交边界，参与多元交流，是促进社群健康发展的关键。通过平衡内部凝聚力与外部开放性，不仅能维护社群的和谐稳定，还能激发其活力与创造力，为成员的个人成长与日后的社会融入奠定坚实基础。

三、大学生群体体育文化圈层化传播的优化策略

（一）重视弱连接与媒介素养提升

大学生群体体育文化的传播网络是由众多大学生个体共同构建而成的复杂体系。在这一传播网络中，个体作为最基本的构成单元，其行为模式与思想观念直接影响着整个网络结构的运作效能以及体育文化的培育与传播进程。因此，对个体行为的规范与引导、对个体认知的提升与优化，是有效应对圈层化传播潜在负面影响、促进体育文化健康传播的关键举措。

个体的行为表现与价值观念，不仅直接反映了个人素养与认知水平，更在无形中影响着整个传播网络的氛围与导向。当个体以积极、健康的态度参与体育文化传播时，网络空间便能汇聚强大的正能量，推动体育文化的广泛传播与深入发展。反之，若个体行为失范、观念偏颇，则可能引发负面效应，阻碍体育文化的良性传播。

为了有效应对圈层化传播可能带来的负面影响，我们应从个体层面入手，加强对个体的教育引导与行为规范。通过提升个体的认知水平、培养健康的价值观与行为习惯，引导其以更加积极、理性的态度参与到体育文化的传播中，从而推动整个传播网络的健康、有序发展。

1.打破强连接，寻找弱连接

为了防范大学生群体内部出现思想僵化与信息闭塞的现象，大学生应当主动寻求建立弱连接的方式，以此来突破圈层内部人际关系的局限性，防止因沉默螺旋效应而引发的观点消失问题。在构建体育文化传播圈的过程中，不少大学生容易陷入一种倾向，即更倾向于与亲密伙伴建立紧密的社交联系，或者在加入某个特定的体育文化圈时，仅仅局限于与固定的社交群体或体育平台进行互动。

实际上，这种局限于强连接与固定社交圈的做法，可能会在一定程度上限制大学生的视野与思维，导致他们难以接触到更多元化的信息与观点。为了避免这种情况的发生，大学生应当积极拓展自己的社交网络，通过建立弱连接来拓宽信息获取的渠道，从而丰富自己的思想内容与见识。

弱连接的建立，意味着大学生需要勇于走出自己的舒适区，主动与不同背景、不同观点的人进行交流与互动。这种跨圈层的交流不仅能够为大学生带来新鲜的信息与观点，还能够激发他们的创新思维与批判性思考能力。同时，通过弱连接的建立，大学生也能够更好地了解不同体育文化圈的特点与优势，为构建更加开放、多元的体育文化传播圈奠定坚实的基础。

为了避免大学生群体内部思想的固化与信息的局限，大学生应当积极寻求建立弱连接的方式，以此来拓宽自己的社交网络与信息获取渠道。在构建体育文化传播圈的过程中，他们应当勇于突破舒适区，主动与不同背景、不同观点的人进行交流与互动，从而为体育文化的广泛传播与深入发展注入新的活力。

2.提升个体媒介素养，优化传播环境

针对大学生体育文化传播圈内出现的信任危机问题，提升个体的媒介素养成为遏制有害信息传播、重塑信任体系的核心策略。在信息传播过程中，个体扮演着至关重要的角色。因此，在传递信息之前，个体应当秉持冷静、理性的态度，深入分析自身行为可能带来的广泛影响与深远后果。

个体须具备高度的媒介素养，以辨别信息的真伪与价值，从而避免有害信息的传播。在面对可能产生负面影响的信息时，个体不应选择沉默或回避，而应勇于站出来，采取积极措施加以制止。这种主动作为的态度，不仅有助于营造体育文化传播圈的健康氛围，更能促进信息的正向流动与价值的正向传递。

为了更有效地提升个体的媒介素养，我们可以从多个维度入手。一方面，通过教育与培训，增强个体对信息的识别与判断能力，使其在面对复杂多变的信息环境时，能够保持清醒的头脑与独立的思考；另一方面，鼓励个体积极参与信息传播的实践，通过实际操作与经验积累，不断提升自身的媒介素养与信息传播能力。

针对大学生体育文化传播圈内的信任危机，提升个体的媒介素养成为解决有害信息传播问题、重塑信任体系的关键所在。个体在传播信息前，应冷静分析、理性判断，面对有害信息时，更应勇于担当、积极制止，共同维护体育文化传播圈的健康发展。

（二）提升门槛与建立规范

1.提升准入门槛，确保成员质量

在大学生群体体育文化传播圈的构建与发展过程中，成员素质的参差不齐成为制约圈层化传播质量提升的关键因素之一。特别是在虚拟的网络空间里，个体间的思想与认知差异显著，这些差异往往容易引发群体内部的非理性行为，进而对圈层的健康发展构成威胁。

为了营造一个积极向上的群体氛围，并有效提升信息传播的质量与效率，对群体成员进行科学合理的筛选显得尤为必要。尽管这一过程可能会存在提高准入门槛所带来的挑战，如潜在成员的流失等，但从长远来看，这是确保圈层内部能够持续会聚高质量成员、形成核心发展力量的必由之路。

具体而言，筛选机制的建立应基于一套明确且合理的标准，标准应涵盖成员的专业素养、道德品质、团队协作能力等多个维度，以确保筛选出的成员不仅具备扎实的专业知识与技能，更能在思想、意识层面与圈层的价值观相契合。通过这样的筛选，我们可以有效地减少因成员素质差异而引发的冲突与矛盾，促进圈层内部的

和谐与稳定。

当然,提高准入门槛并不意味着要完全排斥那些暂时不符合条件的潜在成员。相反,我们应通过建立完善的培训与发展机制,为这些成员提供成长与提升的机会,鼓励他们通过自身努力逐步达到圈层的要求。这样,我们不仅能够在保持圈层高质量发展的同时,还能够不断扩大圈层的吸引力与影响力,为更多有志于体育文化传播事业的大学生提供展示自我、实现价值的舞台。

面对大学生群体体育文化传播圈中成员素质参差不齐的问题,我们必须通过科学合理的筛选机制,确保只有符合条件的成员才能成为圈层内部发展的核心力量。这一过程中可能会遇到诸多挑战与困难,但只要我们坚持高标准、严要求,就一定能够推动圈层的持续健康发展,为体育文化的广泛传播与深入发展贡献力量。

2. 建构体系化的群体规范

大学生群体体育文化传播圈的长期稳定与健康发展,离不开一套系统完善且切实可行的行为准则与规范体系。在某些圈层网络空间中,由于行为准则与规范的缺失,往往滋生出一系列问题,对圈层的整体氛围与发展造成了不良影响。

通过探究,我们可以发现,群体凝聚力与群体规范的有效性之间存在显著的正相关。一套清晰且被广泛认可的群体规范,不仅能为个体提供明确的行为指引,引导其作出符合群体利益与价值观的决策,还能通过将规范、价值观以及信仰系统的内化,使个体获得强烈的身份认同感,从而增强其对群体的归属感与忠诚度。

群体规范通过制定一系列行为标准与期望,为个体在群体中的行为提供了具体指导。当个体遵循这些规范时,不仅能维护群体的和谐与秩序,还能促进群体内部的信息交流与资源共享,从而推动整个圈层的良性发展。同时,群体规范还通过塑造共同的价值观与信仰,为个体提供精神层面的支撑与归属感,使其在面对外部挑战与内部冲突时,能够保持坚定的立场与一致的行动方向。

因此,为了促进大学生群体体育文化传播圈的稳定与健康发展,我们应当重视并加强群体规范的构建与完善。通过制定明确的行为指引与规范体系,为个体提供具体的行为指导与精神支撑,从而增强群体的凝聚力与归属感,推动整个圈层向着更加积极、健康的方向发展。

第三节　新媒体环境下高校体育文化的传播路径

一、新媒体环境下高校体育文化传播的本质

（一）新媒体环境下高校体育文化传播的解读

从广义视角来看，新媒体时代下的高校体育文化传播，实质上是指依托各类新兴媒介平台，对高校体育文化进行全面、系统且深入的传播与推广的过程。这一过程不仅包括了体育文化信息在新兴媒介上的发布与传递，还涉及信息接收者的反馈与互动，以及由此引发的文化认同与情感共鸣。

新媒体环境以独特的传播特性，为高校体育文化的传播提供了广阔的空间与多样的渠道。通过微博、微信和短视频平台等媒介，高校体育文化得以跨越时空限制，迅速触及更广泛的受众群体。同时，这些媒介平台所具备的交互性与即时性，也使得受众能够更加便捷地参与到体育文化的传播与讨论中，从而进一步推动文化的深化与普及。

新媒体环境下高校体育文化的传播，还呈现出一种动态性与创新性的特征。随着媒介技术的不断发展与受众需求的日益多样化，高校体育文化的传播策略与传播方式也在不断创新与优化，以适应时代的变化与受众的需求。这种动态性与创新性，不仅丰富了高校体育文化的传播内容，也提升了传播效果与影响力。

新媒体环境下的高校体育文化传播，是一个复杂而多元的过程，它依托新兴媒介平台，实现了体育文化的全面、系统且深入的传播与推广。这一过程不仅体现了新媒体时代的传播特性，更彰显了高校体育文化的独特魅力与价值。

（二）新媒体环境下高校体育文化传播的意义

高校体育文化可被视为在校园这一独特的社会单元里，人们在漫长的历史演变过程中所累积的体育精神与物质成果的总和。这一过程不仅涵盖了体育精神层面的创造与传承，还涉及体育物质层面的建设与发展。在多种体育思想相互交融与碰撞的背景下，高校体育文化得以凝聚成更为广泛的体育共识，并将这些共识深深植根于体育的本质

之中。

这种共识的形成，对于改善高校师生的体育行为具有深远的影响。它促使高校师生更加深入地理解体育的内涵与价值，进而在日常生活中践行体育精神、提升体育素养，同时，也推动了高校体育教育与教学的深度融合，为体育教育的创新发展提供了更为坚实的基础。

在新媒体环境下，高校体育文化的传播与普及迎来了新的机遇与挑战。借助新媒体平台，高校体育文化得以跨越时空的限制，更加广泛、深入地触达师生群体，进一步营造了浓厚的体育文化氛围。这种氛围的营造，不仅有助于提升师生的体育意识与参与度，还为高校体育文化的传承与发展注入了新的活力。

作为校园文化的重要组成部分，高校体育文化的形成与发展是一个复杂而多元的过程。在多元体育思想的碰撞与融合中，高校体育文化得以凝聚共识、深化内涵，并通过改善师生体育行为、推动体教融合以及营造新媒体环境下的体育文化氛围等方式，为高校体育教育的持续发展贡献着重要力量。

二、新媒体环境下高校体育文化传播的机制

在新媒体环境的广泛影响下，高校体育文化的传播历程涵盖了以下五个核心阶段。

第一，信息的采集与整合阶段。在这一阶段，高校体育文化相关的各类信息被广泛搜集，并通过专业的筛选与整理，形成具有传播价值的内容。这些信息可能源自体育赛事的现场报道、体育精神的深入挖掘，或是体育知识的普及教育等。

第二，内容的编辑与制作阶段。经过精心策划与设计，采集到的信息被转化为适合新媒体平台传播的多种形式，如图文、视频、音频等。这一环节不仅要求内容的准确性与丰富性，更强调其吸引力与传播力，以确保信息能够迅速引起受众的关注与共鸣。

第三，平台的选择与发布阶段。根据目标受众的特点与偏好，高校体育文化的传播者会选择最适合的新媒体平台进行信息的发布与推广。这些平台可能包括图文平台、短视频平台、在线新闻网站等，旨在通过多样化的渠道实现信息的广泛覆盖与深入渗透。

第四，受众的互动与反馈阶段。在新媒体环境下，受众不再是信息的接受者，更是传播过程的重要参与者。他们通过点赞、评论、分享等方式与传播者进行互动，表达自己的观点与感受。这些反馈不仅为传播者提供了宝贵的意见与建议，也进一步推

动了高校体育文化的传播与深化。

第五，效果的评估与优化阶段。通过对传播数据的收集与分析，传播者可以了解信息在受众中的传播效果与影响力，进而对传播策略进行调整与优化。这一环节不仅有助于提升传播效率与效果，更为高校体育文化的持续传播与创新发展提供了有力的支持。

综上所述，新媒体环境下高校体育文化的传播历程是一个复杂而精细的过程，它涵盖了信息采集、内容制作、平台选择、受众互动与效果评估等多个环节，共同构成了高校体育文化在新媒体时代下的传播生态。

三、新媒体环境下高校体育文化传播的发展策略

在当前新媒体浪潮席卷全球的背景下，我国高校体育文化传播可以凭借新媒介平台的强大功能与技术优势，从多维度入手，实施有效的调控策略。在积极顺应新媒体主流环境的同时，高校应迅速把握时机，抢占高校体育文化传播的线上制高点，从而推动我国高校体育文化的建设与蓬勃发展。

高校需充分利用新媒体平台的即时性、互动性和广泛性等特点，创新体育文化传播的方式与路径。通过精心策划与制作，将富有特色的高校体育文化内容以图文、视频、音频等多种形式呈现给广大受众，提升传播的吸引力和影响力。

高校还应运用大数据、人工智能等先进技术，对受众的喜好、需求和行为模式进行精准分析，实现体育文化传播的个性化与定制化。这不仅有助于提升传播的针对性和有效性，还能更好地满足受众的多元化需求。

高校还应积极构建线上体育文化传播矩阵，形成多平台、多渠道、多层次的传播体系。通过加强与社交媒体、短视频平台、在线教育平台等新媒体平台的合作与交流，实现高校体育文化的广泛传播与深度渗透。

面对新媒体潮流的冲击与挑战，我国高校应充分发挥新媒介平台的优势与潜力，从多个方面入手实施有效的调控策略。在积极适应新媒体主流环境的同时，迅速抢占线上制高点，推动我国高校体育文化的建设与蓬勃发展，为高校体育文化的传承与创新注入新的活力与动力。

（一）加强高校体育文化传播主体的意识引导

在国家及地方体育行政部门的指导下，针对高校体育文化这一关键领域，国家体

育总局应着重加强对高校管理层与体育院系领导层在体育文化线上传播方面的意识培养。为此，需定期发布一系列旨在推动线上体育文化建设与发展的政策性指导文件，这些文件应详细阐述线上高校体育文化传播的战略意义、实施路径及预期目标。

为确保指导文件的有效落地，国家体育总局应组织专业团队，对高校体育文化线上传播工作的实际进展进行定期巡查与评估。在此过程中，不仅要关注各高校在线上体育文化传播方面取得的成效，更要深入挖掘存在的问题与不足。基于巡查结果，国家体育总局应提出具有针对性的改进建议与策略指导，帮助高校管理人员更加清晰地认识到线上体育文化传播对于提升校园文化品质、增强体育精神传播力的重要作用。

国家体育总局还应搭建交流平台，促进各高校之间在体育文化线上传播方面的经验分享与互学互鉴。通过举办研讨会、培训班等形式，增进高校管理人员对体育文化线上传播最新趋势、成功案例及创新模式的了解，从而激发高校管理人员推动相关工作开展的积极性与创造力。

国家体育总局在高校体育文化线上传播意识引导方面扮演着至关重要的角色。通过发布指导文件、定期巡查评估及搭建交流平台等措施，国家体育总局能够有效推动高校管理人员深化对体育文化线上传播重要性的认识，进而促进高校体育文化线上传播工作的持续健康发展。

（二）丰富高校体育文化传播的内容与形式

为了营造健康、向上的高校体育文化传播环境氛围，高校需要与监管团队及制度紧密配合，共同规范体育信息的传播内容，坚决抵制低俗信息、不良信息的渗透，确保高校体育文化传播的纯净性。在此基础上，高校应充分发挥管理职能的优势，对学生的体育价值观念进行积极引导，以进一步提升传统体育文化的影响力。

高校应充分利用线上平台，积极推送更多蕴含深厚文化底蕴的传统体育文化内容。为了鼓励这类内容的广泛传播，高校可以适当降低准入门槛，为传统体育文化提供更多展示空间。同时，高校应建立健全的监管机制，对线上平台的内容进行严格把关，确保推送的信息既符合社会主义核心价值观，又能有效弘扬传统体育文化。

从传播学的视角来看，传播效能是构建影响力的重要基石。随着新媒体时代的到来，信息传播的形式与内容日新月异，受众的角色地位得到了前所未有的提升。在此背景下，高校若能有效运用多样化的传播手段，必将极大提升体育文化传播的效能。

高校可以积极探索并实践一系列创新性的传播方式，如运用生动有趣的体育类动态图像、精心制作富有教育意义的体育动画，或是发布记录日常运动的短视频等。这些传播形式不仅能够激发大学生的兴趣，使他们在轻松愉快的氛围中接受体育文化的熏陶，还能够以直观、简洁的方式深刻传达体育精神的内涵与价值。

通过这些创新性的传播方式，高校不仅能够有效扩大体育文化的受众覆盖面，增强传播的广度和深度，还能够进一步提升体育文化传播的针对性和实效性，为培养具有健康体魄和积极体育观念的新时代大学生奠定坚实的基础。

新媒体时代下的高校体育文化传播，应紧跟时代步伐，不断创新传播形式与内容，充分尊重并发挥受众的主体作用，以更加生动、直观、简洁的方式传播体育文化，从而不断提升其传播效能和影响力。

（三）搭建高校体育文化传播的多元化线上平台

为有效推广和传播体育文化，高校应当构建多元化、综合性的体育文化传播平台体系。高校需深入挖掘并充分利用自身及其所在地域与体育相关的独特优势和特色资源，同时结合高校体育教学、公共服务以及地方体育文化等多重元素，进行资源的有效整合与优化配置。

鉴于体育文化所具备鲜明的身体表征性，其传播方式不应局限于传统的文字符号表达，而应更加注重通过身体运动和肢体动作的直接展示与交流，以实现更为生动、直观且富有感染力的传播效果。因此，在搭建高校体育文化传播的多元化线上平台时，高校应充分考虑这一点，设计并开发出能够充分展现体育文化身体表征性的传播渠道和互动环节。

高校可以依托现代信息技术手段，打造线上线下相结合的高校体育文化传播平台。在线上平台，可以通过高清视频、直播互动、虚拟现实等形式，生动展现体育运动的魅力与风采；线下平台则可以通过举办体育赛事、体育讲座、体育展览等活动，为师生及社会公众提供亲身体验和深入了解体育文化的机会。

高校在搭建体育文化传播的多元化平台时，应深入挖掘并整合各方资源，注重体育文化的身体表征性，通过多样化的传播方式和互动环节，实现体育文化的广泛传播与深入交流，为推动我国体育文化事业的繁荣发展贡献力量。

第四节 生态体育背景下校园体育文化的体系构建

一、生态体育的特征

生态体育作为一种新兴的体育运动模式，深刻体现了人与自然、社会和谐共融的哲学理念，映射出人类活动在自然与社会双重生态系统中的演进与交融。它不仅是人类追求身心健康、与自然和谐相处的生动实践，更是可持续发展理念在体育领域的具体诠释。

生态体育的核心理念在于，它不仅要求体育活动遵循人体生物学的成长与发展规律，更强调体育活动应顺应自然环境与社会环境的变迁趋势，实现体育活动与自然生态、社会生态的良性互动与协同发展。这一理念强调，体育活动的规划与开展需充分考量其对自然环境的影响，避免对生态系统造成不可逆的损害，同时也要注重体育活动在社会文化层面的积极作用，促进体育精神与社会文明的深度融合。

为了实现生态体育的可持续发展，我们必须从多个维度出发，综合考量体育活动对人体健康、自然环境以及社会文化的影响。在体育活动的设计与实施过程中，应充分尊重人体生物学的科学原理，确保体育活动的安全性与有效性；同时，也要密切关注自然环境的变化，合理规划体育活动的时间、地点与方式，以减少对自然资源的消耗与环境的破坏；此外，还应深入挖掘体育活动的社会文化价值，通过体育活动促进人与人之间的交流与理解，增强社会凝聚力与归属感。

生态体育不仅是对传统体育模式的革新与超越，更是人类在面对生态环境危机与社会发展挑战时，寻求与自然和谐共生、实现可持续发展目标的重要途径。通过推动生态体育的发展，我们不仅能够促进人类身心的健康发展，还能够为构建人与自然和谐共生的美好未来贡献力量。

生态体育的核心特质之一，在于其对环境变化所表现出的高度敏感性。在这一宏观背景下，生态体育强调体育活动必须与环境可持续性原则深度融合，积极倡导低碳节能、绿色健康的运动理念，并以此作为推动人类通过体育实践增强对环境变化适应能力的重要桥梁。这种适应性的提升，不仅体现在体质与体能的锻炼强化上，更深层次地反映在对自然环境的深切尊重与细致保护之中。

生态体育所倡导的运动方式，旨在通过减少对环境资源的消耗与污染，实现体育活动的绿色转型。它鼓励参与者采用低碳交通方式前往运动场地，推广使用环保材料制成的运动装备，以及在运动过程中实施垃圾分类与资源回收等措施。这些做法不仅有助于降低体育活动对环境产生的负面影响，还能够在潜移默化中提升公众的环保意识与生态责任感。

生态体育还强调通过体育活动培养人们对自然环境的敬畏之心与保护之意。它鼓励人们在享受体育带来的乐趣的同时，关注自然环境的现状与未来，积极参与环保公益活动，为守护绿水青山贡献自己的力量。这种对环境的尊重与保护，不仅体现了生态体育的人文关怀，更为推动环境保护与可持续发展理念的普及与实践提供了有力支撑。

生态体育以其对环境变化的高度敏感、对可持续性原则的坚守以及对环保运动的倡导，成为一种促进人类适应环境变化、增强环保意识并推动可持续发展的重要途径。它不仅丰富了体育运动的内涵与价值，更为构建人与自然和谐共生的美好未来提供了有益的探索与实践路径。

二、校园体育文化建设与生态文明建设的和谐发展

在当今社会大力推进生态文明建设的宏观背景下，校园体育文化作为社会文化体系的重要组成部分，其与生态文明理念的深度融合与协同发展，展现出了深远的时代价值与现实意义。生态文明，这一强调人与自然和谐共存、共生、共荣的先进思想体系，不仅倡导绿色、低碳、可持续的发展路径，更呼唤着全社会在各个层面上的实践与创新。

将生态文明的理念精髓融入校园体育文化建设的全过程，不仅是对传统体育教育模式的革新与超越，更是对学生综合素质与全面能力培养的一次深刻探索。通过引入绿色、环保、可持续的理念，我们不仅能够激发学生对自然环境的尊重与热爱，培养其环保意识与责任感，还能够在促进学生身心健康与体育技能提升的同时，为学生的全面发展奠定坚实的基础。

更为重要的是，校园体育文化与生态文明的协同发展，对于推动社会整体生态

文明目标的实现具有不可估量的积极作用。校园作为文化的摇篮与人才培养的基地，其体育文化的绿色转型与生态化发展，将在潜移默化中影响并带动社会各界对生态文明理念的认同与实践，从而为实现人与自然和谐共生的美好愿景贡献不可或缺的力量。

在当前生态文明建设的大力推进下，校园体育文化建设与生态文明的深度融合与协同发展，不仅是对学生全面素质培养的有力支撑，更是推动社会整体生态文明目标实现的重要途径。我们有理由相信，随着这一进程的深入推进，校园体育文化将焕发出更加璀璨的生态光芒，为构建人与自然和谐共生的美好未来贡献出独特的智慧与力量。

在校园体育文化生态化构建的进程中，我们尤为注重体育活动与自然环境和社会变迁的和谐一致，积极倡导将绿色生态理念融入日常体育实践，以此引领体育文化的绿色转型。具体而言，这一理念在体育设施的规划与建设过程中得到了充分体现，我们坚持将绿色环保材料与先进技术应用置于首位，力求通过低碳环保的运动方式，最大限度地减轻体育活动对自然环境的负担与影响。

在这一过程中，体育的功能边界得到了显著拓展，它不再局限于传统的身体锻炼层面，而是承载起传播生态文明理念、推动社会可持续发展的新使命。体育活动成为连接人与自然、促进生态文明建设的桥梁与纽带。通过体育实践，人们不仅能够强健体魄、提升运动技能，更能够在潜移默化中树立环保意识、培养生态责任感。

值得一提的是，体育活动的绿色转型与生态化发展，不仅有助于提升校园体育文化的内涵与品质，更能够在校园内外产生广泛而深远的影响。它不仅能够激发学生的环保热情，引导其积极参与环保行动，还能够通过校园文化的辐射作用，带动社会各界对生态文明建设的关注与支持，共同推动社会整体向绿色、低碳、可持续发展的方向迈进。

要实现校园体育文化建设与生态文明和谐共生的目标，离不开多方面力量的协同努力与深度合作。在这一进程中，学校需将体育课程内容的生态化革新视为重要一环，同时，在校园文化的宣传引导中，加大对生态文明建设的重视力度，以确保两者在理念与实践层面的深度融合。

为了推动这一目标的实现，学校应积极探索跨学科合作的新模式，将生态文明教育与体育教育有机融合，形成优势互补、相互促进的良性循环。具体而言，可以通过联合生态学、环境科学等相关学科的力量，共同设计并实施一系列旨在深化学生对生态文明理念认知与理解的跨学科教育活动。这些活动在涵盖体育课程中对于绿色运动方式的倡导与实践的基础上，还应延伸至校园文化活动的各个方面，如环保主题的体育赛事、绿色生活方式的宣传推广等，全方位、多角度地引导学生将生态文明理念内化于心、外化于行。

学校还应注重培养一支具备跨学科知识与技能的师资队伍，以支撑生态文明教育与体育教育的深度融合。这支队伍应能够深入挖掘体育与生态文明的内在联系，设计出既符合学生身心发展特点，又能够体现生态文明理念的体育课程与校园体育文化活动，从而不断提升学生的环保意识与生态责任感。

实现校园体育文化建设与生态文明和谐共生的目标，需要学校从多方面入手，加强跨学科合作，深化学生对生态文明理念的理解与实践，以共同推动校园体育文化的绿色转型与可持续发展。

三、生态体育背景下校园体育文化的体系构建策略

（一）强化大学生对生态体育基本常识的教育

在高校推进校园体育文化生态文明建设的过程中，合理利用各类自然元素，开展适量、科学且形式多元的体育活动显得尤为重要。生态体育理念推崇一种自由灵活、不拘泥于传统框架的健康运动模式，它强调运动的无固定规则束缚，不依赖标准化场地与成绩评判体系，旨在激发个体的运动潜能与乐趣。

对于大学生群体而言，深入理解并实践科学的运动知识，将科学、健康的生活理念与体育锻炼方式深度融合于日常学习生活之中，是提升个人身心素质、促进全面发展的重要途径。这要求大学生不仅要掌握基本的运动技能与理论知识，更要学会根据自身的身体状况、兴趣爱好以及环境条件，灵活选择并科学安排体育活动，使运动成为生活中不可或缺的一部分。

在此过程中，高校应发挥引领作用，通过开设生态体育课程、举办健康运动讲座与研讨会等形式，为大学生提供学习科学运动知识的平台与机会，同时，也应鼓励大学生积极参与各类体育活动，将理论知识与实践相结合，不断提升自身的运动素养与健康水平。

高校在推进校园体育文化生态文明建设的过程中，应充分利用自然元素，倡导自由灵活的生态体育理念，引导大学生深入理解并实践科学的运动知识，将健康的生活

方式与体育锻炼方式融入日常生活，从而培养出具备良好身心素质与全面发展能力的优秀人才。

（二）提高大学生对生态体育的认知

在高校规划生态体育项目时，应当紧密结合学校的具体条件与大学生的实际需求，进行细致而周到的布局。诸如徒步登山、野外远足、方位定向运动等多样化的项目，不仅能够契合当下大学生对于在闲暇时参与体育活动的强烈愿望，还能够有效提升他们对于生态体育的深刻认识与积极投入。

这些生态体育项目的设计与实施，旨在打破传统体育活动的局限，将体育运动的乐趣与大自然的美丽景致完美融合，使大学生在享受运动带来的身心愉悦的同时，也能够深入体验生态体育的独特魅力。通过参与这些项目，大学生不仅能够锻炼体魄、提升体能，更能够在与大自然的亲密接触中，增强对生态环境的尊重与保护意识，从而培养出一种健康、绿色、可持续的生活方式。

高校在设置生态体育项目时，还应注重项目的趣味性与挑战性，以激发大学生的参与热情与探索精神。通过设计富有创意的比赛规则与活动流程，大学生在参与过程中不断挑战自我、超越极限，从而进一步提升他们对生态体育的认知水平与参与感。

高校在规划生态体育项目时，应紧密结合学校实际与大学生需求，设计出多样化且富有趣味性和挑战性的项目，以满足大学生参与体育运动的需求，并提升他们对生态体育的认知度与参与感，从而推动高校生态体育文化的繁荣发展。

（三）提高大学生对生态体育的参与意愿

高校体育文化建设的核心目标，在于培育大学生形成优良的体育习惯与深厚的体育素养，并在他们心中树立起终身体育的坚定信念。为了实现这一目标，高校校园生态体育文化的构建，必须与社会生态文化的繁荣以及体育事业的蓬勃发展紧密融合，以此推动高校体育文化不断迈向新高度，为塑造大学生的世界观与人生观提供一个积极向上的文化土壤。

在这一过程中，高校体育文化建设的开放性显得尤为重要。这种开放性不仅体现在体育文化活动的内容与形式上，要求它们能够与时俱进、不断创新，以满足大学生日益增长的多元化需求；更体现在体育文化的传播与交流上，强调高校应主动打破壁垒，积极与社会各界建立广泛的联系与合作，共同推动高校体育文化的繁荣发展。

高校可以通过举办各类体育竞赛、讲座、研讨会等活动，搭建起一个开放、包容的体育文化交流平台，让大学生在参与中感受体育的魅力，在交流中深化对体育文化的理解。同时，高校还应充分利用现代科技手段，如互联网、社交媒体等，拓宽体育文化的传播渠道，使更多的大学生能够便捷地获取体育文化信息，从而进一步激发他们的体育热情与参与意愿。

高校体育文化建设的开放性，是推动其与社会生态文化相结合、相促进的关键所在。通过构建开放、包容的体育文化环境，高校不仅能够为大学生世界观与人生观的形成提供良好的文化滋养，还能够为高校体育文化的传承与发展贡献独特的力量。

生态体育强调人类与自然环境的和谐共生与积极互动，呼吁并鼓励大学生投身这一领域之中。通过为大学生提供与自然界的深度接触与交流的机会，生态体育不仅能够有效地促进他们对生态理念的认同与接纳，还能够进一步激发他们的主观能动性，使他们更加积极主动地参与到各类生态体育活动中来。

生态体育通过一系列精心设计的活动，如户外徒步、山地骑行、定向越野跑等，让大学生在亲身实践中感受大自然的壮丽与神奇，从而深刻体会保护环境、维护生态平衡的重要性。这些活动不仅有助于培养大学生对自然的敬畏之心，还能够激发他们探索自然、热爱自然的热情，进而推动他们更加积极地参与到生态体育的实践中去。

生态体育还注重通过教育引导，帮助大学生树立正确的生态观念与体育精神。通过举办各类活动，向大学生传递绿色、低碳、可持续的发展理念，以及健康、积极、向上的生活态度。这些理念与态度的熏陶，使大学生在参与生态体育活动的过程中，不仅能够享受运动带来的快乐与满足，还能够不断提升自身的环保意识与生态责任感。

生态体育通过强调人与自然的和谐互动，积极倡导并鼓励大学生参与其中，不仅有助于促进大学生对生态体育理念的认同与接纳，还能够激发他们主动参与到生态体育活动中的热情与积极性。这一理念与实践的推广与普及，对于培养具有环保意识与生态责任感的新时代大学生有着重要意义。

（四）加强生态体育视野下体育文化制度建设

生态体育不仅强调体育活动中的身心健康，更倡导在运动实践中推动环境保护与资源可持续利用。高校作为社会中重要的文化和教育机构，推动校园体育的生态化建设，既是健康校园建设的要求,也是社会责任的体现。因此,构建一个完善的生态体育文化制度至关重要。

高校领导的重视是推动生态体育运动深入开展的核心。在高校领导层的引领下,校园体育文化的生态化建设能得到充分的资源支持与政策保障。高校领导应充分认识到生态体育的意义和价值,了解生态体育对于培养学生健康生活方式、提高学生身体素质以及提升校园文化软实力的多重作用。在这一过程中,增强对生态体育理念的认知,加大宣传力度,让学生和教职工都能理解并积极参与其中,是成功的关键。

校园体育文化制度的构建要从学生的认知出发,充分调动学生的积极性和主动性。生态体育文化制度不仅是一个外部的规则和约束,更应成为一种内化的价值观念,深植于学生的日常生活和思想意识中。这种文化制度不仅影响学生的行为模式,还塑造他们对健康、环保等核心理念的认同感和责任感。例如,通过课程设计、讲座和宣传活动等方式,向学生普及生态体育知识,让他们在体育活动中意识到运动与环境保护、资源节约之间的紧密联系,从而实现知识的传播与行为的转变。

此外,学生的参与是推动生态体育文化制度创新的关键。生态体育的建设不能仅仅依靠上级的规定和要求,更多地需要通过学生自发的参与来实现。当学生能够自主提出关于生态体育的建议,参与到制度的创新与执行过程中时,体育文化制度的建立便能具备更强的生命力与实践性。学生自下而上的创新模式,能够激发他们的创新思维和环保意识,从而形成一种有内在动力的生态体育文化。

(五)加大体育基础设施生态化建设力度

体育基础设施生态化建设是推动生态体育理念落实的重要环节。体育基础设施不仅是承载体育教学和锻炼的场所,更是展示可持续发展理念的重要平台。在体育基础设施建设中,生态化设计不仅要考虑场馆的功能性,更要注重其环境友好性、能源效率和资源节约性,最终实现绿色、可持续的发展目标。

首先,加强对体育基础设施的资金投入和资源优化配置。公共设施承载着服务全民健康和促进体育发展的重任。因此,推动体育设施的生态化建设,不仅是提升体育服务质量的需求,也是对国家公共资源的有效利用。随着环保意识的提高,体育设施的建设应遵循绿色建筑标准,采用可持续材料和节能技术,如应用太阳能、风能等可再生能源,减少设施运营中的能源消耗和碳排放。

其次,体育设施的维护与保养同样需要符合生态化的要求。体育设施的运营管理团队应具备一定的生态维护知识和技能,能够及时发现和解决设施运行过程中可能出现的环境问题,如废水处理、废气排放等问题。管理人员应定期开展生态维护培训,提升环保意识和技术水平。通过定期的保养和修理,不仅能够延长设施的使用寿命,还能减少设施在使用过程中对环境的负面影响,从而推动体育基础设施在生态方面的长期可持续发展。

再次,体育设施的开放策略也应根据生态体育的理念进行优化。体育设施不仅是服务专业运动员和学生的场所,更应适度扩大其对社会公众的开放范围。通过合理的开放时间安排,让更多的市民能够参与到体育活动中,营造全社会参与体育的良好氛围。在开放的同时,要注重对设施的环保管理,如减少不必要的能源浪费、降低设施的碳足迹等,使体育设施的生态化管理能够惠及更广泛的群体。

最后,假期期间的体育设施利用潜力也是值得重视的方面。学校在假期期间可以制订相应的体育活动计划,合理利用体育设施资源,开展有偿运营服务。这不仅能有效解决设施闲置问题,还能通过提供优质的健身环境和体育活动,满足校外体育爱好者的需求,同时获得必要的经济收益。这些收益可以用于支持体育基础设施的生态化建设,推动体育设施的绿色发展。

(六)依托地缘优势打造个性生态校园体育文化

高校特色体育文化是一所高校所独有的、能显著区别于其他院校,并具备自身独特优势的体育项目。随着高校校园体育文化的持续演进与不断深化,高校在构建校园体育文化时,已无法仅仅依赖于简单的复制与模仿。而应立足于自身的地缘优势、环境条件与独特资源,进行有针对性的规划与建设,打造具有生态特色的校园体育文化。

首先,高校在打造特色体育的过程中,需要深入挖掘自身的历史底蕴、地域特色以及文化优势,并将这些元素巧妙地融入校园体育文化的构建之中。通过这样的方式,不仅可以形成独具特色的校园体育文化氛围,还能够有效提升高校的品牌形象与文化软实力。

其次,高校在推进校园体育文化建设的过程中,还应注重与体育学科的紧密结合。通过整合体育学科资源,优化体育课程设置,加强体育师资队伍建设等措施,不断提升校园体育文化的内涵与品质。同时,高校还应积极搭建校园体育文化交流平台,促进不同高校之间的体育文化交流与合作,共同推动校园体育文化的繁荣发展。

最后,在构建高校生态体育文化体系的过程中,各校应当紧密结合自身独特的文化氛围与既有优势,既要强化并传承那些已经根深蒂固的传统优势体育文化,也要积极探索并开发新兴特色运动项目。此外高校生态体育文化的构建还应融入环保理念,如利用校园自然环境设计绿色运动场地,推动体育活动的可持续发展。

高校应结合自身的文化氛围与优势,在强化传统优势体育文化的同时,积极开发新兴特色运动项目。这种传统与创新的结合,是构建独具特色、区别于其他院校的高校生态体育文化的必由之路。通过这一过程,不仅有助于提升高校校园体育文化的整体水平,还能为高校自身的品牌建设与文化传承贡献重要力量。

第五章　大学生体育运动

体育运动与体质健康是大学生身心全面发展的重要基础。本章将深入剖析大学生体育运动及其对健康产生的多方面影响，具体探讨大学体育活动在增进学生体质、促进健康方面的功能与运作机理，同时关注大学生参与体育运动效果的评估与监督机制。此外，本章还将阐述大学生体育运动的损伤预防与急救原则，旨在为学生在运动过程中的安全提供科学有效的指导与保障。

在探讨大学体育活动对健康的促进作用时，我们将从生理、心理及社会适应等多个维度进行分析，以全面揭示其对学生身心健康的深远影响。同时，对于大学生体育参与效果的评估，我们将采用多元化的评价方法与指标，以确保评估结果的客观性与准确性。

本章旨在通过全面而深入的探讨，为大学生体育运动与体质健康状况的改善提供科学依据与实践指导，以期促进学生的身心健康与全面发展。

第一节　大学体育

一、大学体育的功能与特点

（一）大学体育的功能

1. 教授学生运动技能

大学体育的核心职责之一是向学生传授运动技能。通过一系列精心设计的体育教学课程，学生能够掌握正确的运动技巧，提升运动表现能力，并增强自身的体能素质。这些教学实践不仅满足了学生当前的运动需求，更为他们未来实现终身体育的目标奠定了坚实的基础。

在教学过程中，教师扮演着至关重要的角色。他们不仅负责传授运动技能，还需引导学生理解运动技能背后的原理，以及如何在不同情景下灵活运用这些技能。通过反复练习与教师的悉心指导，学生能够逐步掌握运动技巧的精髓，从而在运动中展现出更高的水平。

体育教学还注重培养学生的运动兴趣与习惯。通过多样化的教学内容与形式，教师能够激发学生的学习兴趣，帮助他们发现适合自己的运动项目，进而形成稳定的运动习惯。这种习惯的培养对于学生实现终身体育的目标具有重要意义，因为它能够使学生在日常生活中保持对运动的热情与投入。

大学体育通过系统化的教学，不仅帮助学生掌握正确的运动技术，提升运动水平，还增强了他们的身体素质，为终身体育的实现奠定了坚实的基础。这一系列教学成果充分体现了大学体育在培养学生运动技能方面的重要作用。

在运动技能的传授过程中，教师还致力于帮助学生树立正确的竞技伦理观念。在教学活动的每个环节，教师都着重阐述规则的核心价值，引导学生理解并尊重规则，同时培养他们尊重对手、秉持公平竞争原则的精神。这种对规则的强调与尊重，不仅是体育活动中不可或缺的行为准则，也成为塑造学生高尚品德与社会责任感的重要途径。

在运动技能的教学实践中，教师需将理论与实践紧密结合，确保学生能够全面而深入地理解并掌握运动技能。通过理论讲解与实践操作的有机结合，学生不仅能掌握运动技能的具体操作方法，还能深入理解技能背后的原理与竞技伦理的重要性。这种教学方式不仅有助于提升学生的运动技能水平，更能培养他们的竞技素养与道德观念。

运动技能的传授不仅是技术层面的教学，更是竞技伦理与社会责任感的培养过程。在教学过程中，教师应注重理论与实践的结合，全面促进学生竞技能力与品德修养的同步提升。

2.培养学生体育精神与终身体育意识

大学体育教育不仅局限于运动技能的传授，更注重体育精神与道德素养的培育。通过积极参与丰富多彩的体育活动，学生能够在实践中锤炼良好的道德品质与行为规范，学会尊重与关怀他人，并逐步塑造出一种乐观向上、积极进取的人生态度。

体育活动是培养学生道德观念与行为习惯的重要载体。学生在参与体育活动时，不仅要遵守比赛的规则与纪律，还需展现出对对手的尊重与对队友的关心。这种在运动中形成的道德观念与行为习惯，不仅能在体育领域内发挥作用，更能延伸到学生的日常生活中，成为他们为人处世的重要准则。

此外，体育活动也为学生提供了展示自我、挑战自我的平台。在这个平台上，学生需要不断克服困难、超越自我，以展现出最佳的竞技状态。这种积极向上的精神风貌，不仅有助于提升学生的自信心与自我认同感，更能激发他们的勇气与决心。

大学体育教育通过精心策划，在为学生提供多样化的体育运动项目的同时，帮助学生在校园期间发掘并培养个人的运动兴趣，养成良好的健康习惯。这一系列举措旨在确保学生在踏入社会后，仍能持续关注并积极参与体育活动，从而将健康的生活方式延续至未来的工作与日常生活之中。

在这一过程中，大学体育教育不仅关注学生的体能提升与技能掌握，更应重视其运动兴趣与健康习惯的培养。通过参与多样化的体育项目，学生能够在实践中逐渐认识到运动对于身心健康的重要性，进而形成稳定的运动习惯。这种习惯一旦形成，便能在学生未来的工作与生活中发挥积极作用，助力其保持健康的体魄与良好的心态。

终身体育意识的培养与大学体育教育所提供的多样化运动项目，共同构成了学生健康生活方式的重要基石。它们不仅有助于学生在校园期间形成良好的运动习惯与健康观念，更为其未来的生活奠定坚实的基础，使其能够在工作与生活中持续保持健康与活力。

3. 提升学生社会适应能力

体育活动为学生构建了一个团队协作的平台，提供了锻炼社会适应能力的宝贵机会。在这一平台上，学生不仅能够通过亲身参与学会与他人协作、协同配合及有效沟通，还能借此契机培养良好的人际关系与集体协作精神。这些关键能力在学生的未来职业生涯中占据着举足轻重的地位，对于助力他们在复杂多变的工作环境中游刃有余、提升职业竞争力及适应能力发挥着至关重要的作用。

尤为重要的是，体育活动让学生在实际体验中直面挑战与困难，培养了他们在逆境中坚持不懈的坚韧品质与解决问题的实践能力。这种经历不仅使学生能够更加从容地应对工作与生活中的种种挑战，还为他们提供了宝贵的经验，有助于他们更好地适应社会和职业生活中的各种变化。

总之，体育运动以独特的团队协作平台，为学生社会适应能力的提升提供了有力支撑。通过参与体育运动，学生不仅锻炼了团队协作与沟通能力，还培养了坚韧不拔的品质与解决问题的能力，这些能力将成为他们未来职业生涯中的宝贵财富。

4.传承及发展体育文化

大学体育不仅是促进个体体育锻炼的重要渠道，更是维系与推动体育文化继承与革新的核心平台。通过丰富多彩的体育活动，学生被赋予了体育文化传承与发展重任的使命感，激发了他们弘扬与传播体育文化的热情与动力。这一系列举措有力地促进了体育文化在更广泛的社会层面上的发展与传承，使其得以在更广阔的舞台上展现其独特的魅力与价值。

在这一过程中，大学体育不仅为学生提供了实践体育锻炼的宝贵机会，更为他们搭建了深入了解与体验体育文化的桥梁。通过亲身参与体育活动，学生能够深切感受体育文化的深厚底蕴与独特韵味，进而产生对体育文化传承与发展的强烈责任感与使命感。这种责任感与使命感将激励他们在未来的学习与生活中，积极投身于体育文化的弘扬与传播事业之中，为体育文化的繁荣发展贡献自己的力量。

总之，大学体育在促进个体体育锻炼的同时，更承载着传承与发展体育文化的历史使命。通过丰富多彩的体育活动，学生被激发了承担这一使命的责任感与动力，从而有力地推动了体育文化在更广泛层面上的发展与传承。

（二）大学体育的特点

1.健身性

大学体育的健身性主要体现在其通过多样化的体育活动，促进学生身体素质的全面提升。大学时期是学生个体身体发展的关键阶段，体育活动在此阶段扮演着不可或缺的角色。通过有计划的体育课程和锻炼，学生可以增强心肺功能、改善肌肉力量、提高灵活性和协调性，从而增强身体健康水平，预防各种疾病的发生。体育锻炼还能提高身体免疫力，增强抗压能力，帮助学生在繁重的学业压力下保持较高的身体活力和精神状态。从整体来看，大学体育的健身性是其长期发展的基础，帮助学生形成良好的运动习惯和健康的生活方式，为其进入社会后保持较好的身体状态打下坚实的基础。

2. 身心并进的教育价值

在我国的教育架构之中，体育教学占据着举足轻重的地位。它不仅是培育学生强健体魄的重要手段，更是推动学生身心和谐发展的核心环节。与侧重于知识传授的智育教学相比，体育教学以直观且富有活力的教学情境，对学生的心理状态及社会适应能力产生了深远的影响。这一独特的教学方式，深刻体现了辩证唯物主义哲学的精髓，即强调身体发展与心理发展之间的相互作用与依存关系——身体的发展为心理的发展奠定了坚实的基础，而心理层面的成熟与进步，又会反过来加速身体的健康发展。

在体育教学的实践过程中，学生不仅能够通过运动增强体质，还能在团队协作、竞技比拼等多样化的活动中，学会调节情绪、增强自信、培养坚韧不拔的意志品质，以及提升与人交往及沟通的能力。这些经历与收获，无疑为学生的心理健康发展提供了强有力的支撑，也为他们未来步入社会、适应复杂多变的环境奠定了坚实的基础。

3. 美学价值

每一项体育运动都展现出独特的审美特质与美学标志，这些特质与标志不仅丰富了体育运动的内涵，也为其赋予了更为深远的文化意义。在不同的运动项目中，审美特征的表现形式各具特色，有的体现在运动员动作的流畅与协调上，有的展现在比赛过程的激烈与悬念之中。而美学符号的呈现，更加深刻地反映了体育运动所蕴含的精神内涵与文化价值，它们以独特的方式诠释着体育之美，使得每一项运动都成为一个独立的艺术表现形式。

有些运动项目以动作的优雅与韵律，彰显出极高的审美价值。运动员在赛场上所展现出的每一个动作，仿佛在讲述着一个个动人的故事，让观众在欣赏比赛的同时，也能感受到运动所带来的艺术享受。还有一些运动项目，以其激烈的对抗与紧张的氛围，构建出一种独特的美学景观。这种美学不仅体现在运动员精湛的技艺与顽强的斗志上，更在于比赛过程所蕴含的公平竞争与追求卓越的精神，这种精神力量成为推动体育运动发展的重要动力。

总之，每一项体育运动都以独特的审美特质与美学标志，构成了丰富多彩的体育美学体系。这些特质与标志不仅展示了体育运动的多元魅力，也为人们提供了深入理解体育运动、感受其文化价值的重要途径。

4.教学方法的直观形象性

在体育教学实践中,直观形象的教学方法尤为重要。当教师在传授动作技术时,他们会采用响亮而明确的语言,以生动具体、浅显易懂的方式对动作要领进行阐释,以辅助学生理解并铭记运动技能。这一过程不仅要求教师具备扎实的专业知识,还需要他们掌握高超的教学技巧,能够巧妙地将复杂的动作技术转化为易于学生接受的信息形式。

教师要充分利用自身的肢体语言,通过示范使动作技术的呈现更加直观且富有感染力。同时,他们还需借助多媒体等现代教学手段,将动作技术的细节进行放大与剖析,以便学生能够从多个角度、多个层面把握动作要领。这种多维度、多层次的教学方式,极大地提升了体育教学的效果与质量,使学生在轻松愉悦的学习氛围中,逐渐掌握复杂的运动技能,并在实践中不断巩固与提升。

总之,直观形象的教学方法在体育教学中发挥着举足轻重的作用。它要求教师以清晰响亮的语言、生动具体的描述,以及多样化的教学手段,帮助学生深入感知与记忆复杂的运动技能,从而全面提升体育教学的效果与质量。

二、大学体育与大学生体质健康的关系

大学体育与大学生体质健康之间存在着紧密且不可分割的联系。在当下这个日新月异的现代社会中,随着学术研究负担的日益加重以及生活节奏的持续加速,大学生的体质健康问题逐渐浮出水面,成为社会各界广泛关注的焦点。大学体育课程,作为大学生日常学习生活不可或缺的一环,在促进学生身心健康全面发展方面扮演着至关重要的角色。

大学体育不仅为学生提供了一个进行体育锻炼、增强体质的平台,更是培养其健康生活方式、塑造积极心态的重要途径。通过参与体育课程,大学生能够在紧张的学习之余,得到身心的放松与调节,从而有效缓解学术压力带来的负面影响。同时,大学体育课程中的团队合作与竞技比拼,也有助于培养学生的社交能力与团队协作能力,进一步促进其身心健康的全面发展。

因此,我们应高度重视大学体育的建设与发展,为大学生提供更多元化、更具针对性的体育锻炼机会,以全面提升其体质健康状况。

大学体育活动在维护学生心理健康方面发挥着举足轻重的作用。这些体育活动不

仅是帮助学生释放压力的有效途径，更是通过集体运动的参与，有力地促进了学生社交技能与团队协作精神的培育。

体育活动以独特的魅力，为学生提供了一个释放学业压力、调节心理状态的平台。在参与体育活动的过程中，学生不仅能够通过身体运动实现身心的放松，还能在团队运动的氛围中，学会与他人沟通交流、协同合作的技巧。这些技能的掌握，不仅有助于学生在日常生活中建立良好的人际关系，还能在面对学习压力时，以更加积极的心态去应对，从而有效缓解焦虑与抑郁情绪。

总之，大学体育活动在维护学生心理健康方面具有重要意义。它不仅为学生提供了减压的有效手段，还通过团队运动的参与，促进了学生社交技能与团队协作精神的提升，为他们应对学习压力、缓解焦虑与抑郁情绪提供了有力的支持。

第二节 大学生体育运动及效果监督

一、大学生体育运动的学科理论

（一）生理学理论

在体育运动科学领域中，生理学理论占据着举足轻重的地位。它深入探究了人体在运动状态下所产生的各种生理反应及其内在的机能调控机理。这一学科通过细致入微地分析运动后人体内各大系统（如循环系统、呼吸系统、肌肉系统等）的运作状态与变化规律，为科学合理地规划体育训练方案以及制定精准有效的运动康复策略，提供不可或缺的理论支撑与科学依据。

具体而言，生理学理论不仅揭示了人体在运动过程中能量代谢、心血管功能、呼吸效率等方面的变化规律，还深入探讨了这些变化如何受到神经系统、内分泌系统等多重因素的调控与影响。这些研究成果不仅深化了我们对人体运动生理机制的理解，更为体育教练、康复治疗师等专业人士在设计个性化训练计划、评估运动效果以及制定康复措施时，提供了宝贵的参考与指导。

综上所述，生理学理论作为体育运动科学的核心组成部分，其研究内容与成果对于推动体育训练的科学化、精准化以及运动康复的个性化、高效化具有至关重要的作用。它不仅为我们揭示了人体在运动状态下的生理奥秘，更为制定科学合理的体育训练计划与运动康复方案奠定了坚实的基础。

（二）运动学理论

1.运动技能的本质

（1）运动的反射本质

从生理学的视角来看，运动技能可以被视为运动反射的一种"新形态"，其构建基础在于条件反射机制的运作。在运动技能的形成与发展过程中，一个由条件反射构成的复杂体系得以逐步建立和巩固。

运动技能的习得并非一蹴而就，而是需要通过反复的训练与实践，使得大脑皮层与相关的运动中枢之间建立起稳固的联系。在这一过程中，条件反射起到了至关重要的作用。它使得个体在接收特定的运动刺激时，能够迅速且准确地作出相应的反应，从而实现运动技能的有效执行。

随着训练进程的不断深入，条件反射体系逐渐趋于完善，运动技能也得以进一步巩固与提升。这一过程中，不仅个体的运动表现会愈加熟练与精准，其大脑皮层的结构与功能也会发生相应的适应性变化，从而为更高水平的运动技能学习与发展奠定坚实的基础。

总之，从生理学的角度来看，运动技能的形成与发展是一个基于条件反射机制构建的复杂过程。在这一过程中，条件反射体系的建立与巩固对于运动技能的习得与提升具有至关重要的作用。

（2）运动技能的特点

运动技能与一般性的运动条件反射之间存在本质差异，这种差异主要体现在运动技能的复杂性、连锁反应特性以及本体感觉反馈的敏感性上。

运动技能并非仅仅是一种简单的条件反射，而是由多个复杂且相互关联的动作环节所构成的一个整体。这些动作环节之间不仅存在着紧密的逻辑关系，还需要运动员在执行过程中具备高度的协调与控制能力。这种复杂性使得运动技能的学习与掌握变得尤为困难，需要长时间的训练与实践才能逐步达到熟练的程度。

运动技能还具有连锁反应的特性。一旦某个动作环节被触发，就会引发一系列连锁反应，这些反应之间呈现出高度的协同性与连贯性。这种连锁反应特性不仅要求运动员在动作执行过程中具备高度的专注力与反应速度，还需要他们具备出色的预判与决策能力。

运动技能还表现出对本体感觉反馈的高度敏感性。运动员在执行动作时，需要通过本体感受器来感知身体各部位的位置、运动状态以及肌肉张力等信息，并根据这些信息进行实时的调整与优化。这种本体感觉反馈的敏感性对于运动技能的精准执行与持续优化具有至关重要的作用。

运动技能与一般性的运动条件反射在复杂性、连锁反应特性以及本体感觉反馈的敏感性等方面存在着显著差异。这些差异不仅揭示了运动技能的本质特征，也为我们深入理解运动技能的学习与掌握过程提供了重要的线索。

（3）运动技能的信息处理

信息处理这一概念，实质上描述的是个体从感知外界环境刺激到作出相应反应的一系列复杂过程。在这个过程中，个体扮演着信息处理器的角色，负责接收、加工并响应来自外界的各种刺激。而这一过程，对于运动技能的学习与掌握而言，具有举足轻重的地位。

运动技能的形成与再现，需要信息的有效处理。这些信息源（即刺激）既可能源自于体外环境，如视觉、听觉等感官接收到的外界信号；也可能产生于体内，如肌肉张力、关节位置等本体感受信息。体外刺激通常与运动技能的执行环境密切相关，如球类运动中的球速、方向等；而体内刺激更多地反映了运动员自身的生理状态与运动表现，如肌肉力量的分配、动作协调性等。

信息处理机制发挥着至关重要的作用。它使得运动员能够根据外界环境的变化与自身状态的变化，灵活地调整动作策略与反应模式，从而实现运动技能的有效运用与优化提升。因此，深入探究信息处理过程及其在运动技能学习中的作用机制，对于推动运动训练的科学化、精准化具有重要意义。

信息处理是一个涵盖个体从感知外界刺激到作出反应的全过程，对于运动技能的学习与掌握具有至关重要的影响。在这一过程中，体外与体内的信息源共同构成了运动技能形成与再现的信息基础。

2.运动技能的分类

（1）在运动技能的分类体系中，我们依据运动起始与终止位置的特性，将其细分为连续性运动技能、非连续性运动技能以及序列性运动技能这三大类别。

连续性运动技能指的是那些在运动过程中，动作的执行呈现出连续不断、流畅无间的特点。这类技能往往要求运动员在保持动作连贯性的同时，还要根据外部环境的变化进行适时的调整与修正。例如，在田径项目中的长跑运动，运动员需要持续不断地迈出步伐，同时根据赛道情况、体力状况等因素进行速度与节奏的调控。

非连续性运动技能指的是那些在运动过程中，动作的执行呈现出间断性、跳跃性的特点。这类技能通常要求运动员在短时间内迅速完成一系列离散的动作，且每个动作之间需要保持高度的准确性与协调性。例如，在体操项目中的跳跃动作，运动员需要在空中完成一系列复杂的翻转与旋转，每个动作都需要精准到位，以确保整个跳跃过程的成功与美观。

序列性运动技能是指那些在运动过程中，动作的执行需要按照一定的顺序与节奏进行，且每个动作之间具有明确的逻辑关联与因果关系。这类技能通常要求运动员在掌握单个动作的基础上，进一步理解并掌握动作之间的内在联系，从而能够流畅地执行整个动作序列。例如，在球类项目中的传球动作，运动员需要按照特定的顺序与节奏进行传球，以确保球队整体战术的顺利实施。

连续性运动技能、非连续性运动技能以及序列性运动技能这三类运动技能，共同构成了运动技能分类体系的重要组成部分。它们各自具有独特的动作特点与执行要求，为运动员在不同运动项目中展现出色的运动表现提供了坚实的基础。

（2）在运动技能的分类体系中，我们依据技能执行对外界环境依赖程度的不同，将其划分为封闭性运动技能与开放性运动技能两大类别。

封闭性运动技能是指那些在执行过程中较少受到外界环境变化影响的运动技能。这类技能往往具有高度的稳定性与可控性，运动员在掌握了一定的动作技巧后，便可以在相对固定的环境中自如地运用。例如，在游泳、举重等项目中，运动员的动作执行主要依赖于自身的肌肉力量、协调性以及对动作要领的掌握程度，外界环境的变化对其影响相对较小。

相比之下，开放性运动技能则更加注重运动员对外界环境的感知与适应能力。这类技能在执行过程中，需要运动员不断地接收并分析来自外界的信息，如对手的动向、球的位置与速度等，从而作出迅速而准确的反应。在足球、篮球等球类项目中，运动员不仅需要具备出色的个人技术，还需要具备良好的空间感知能力、预判能力以及团队协作能力，以便在复杂多变的比赛环境中保持高效的运动表现。

封闭性运动技能与开放性运动技能在对外界环境的依赖程度上存在着显著的差异。这两种技能类型各具特色，共同构成了运动技能领域的多元化格局，为运动员在不同项目中的运动表现提供了丰富的可能性。

（3）在运动技能的分类体系中，我们依据执行特定运动技能时所涉及的人体肌肉群规模，将其区分为小肌肉群精细运动技能与大肌肉群力量运动技能两大类别。

小肌肉群精细运动技能，主要指的是在执行过程中依赖小肌肉群精准协调与控制的一类运动技能。这类技能往往要求运动员具备较强的手眼协调能力、精细动作控制能力以及对运动轨迹与力度的精确感知与调控。例如，在乒乓球、羽毛球等球类项目的击球动作中，运动员需要利用手腕、手指等小肌肉群的精细动作，实现对球拍角度、击球力度与方向的精准控制，从而确保击球的准确性与有效性。

而大肌肉群力量运动技能，是指那些在执行过程中主要依赖于较大肌肉群产生爆发力的一类运动技能。这类技能通常要求运动员具备良好的身体素质、强大的肌肉力量以及出色的动作协调性。在田径、举重等项目中，运动员需要充分调动全身大肌肉群的力量，通过快速有力的动作完成跳跃、冲刺、举重等任务，以展现出色的运动表现与竞技实力。

小肌肉群精细运动技能与大肌肉群力量运动技能，在涉及的人体肌肉群规模、所需技能特点以及应用场景等方面均存在显著差异。这两类运动技能共同构成了运动技能领域的多元化体系，为运动员在不同项目中的运动表现提供了丰富的可能性。

（三）**心理学理论**

心理现象作为脑部这一生理器官的功能体现，其本质在于任何心理活动的产生与运行均根植于脑部的结构与运作机制之中，且这些心理活动无一不彰显着脑部所具备的高级功能特性。换言之，心理活动的实质是脑部对外部环境信息进行加工、处理与反应的高级机能表现。

心理现象不仅是脑内部活动的结果，更是对外部客观现实的主观映射与解读。这意味着，所有心理活动的素材与灵感均源自于外部环境中的客观事物，而这些事物经过脑部的加工与转化，最终转化为个体内部的主观体验与认知。因此，心理现象可以被视为客观事物在个体脑部进行主观化处理与表达的结果。

心理现象既是脑部的高级机能表现，也是对客观现实的主观反映。这一双重属性不仅揭示了心理现象的本质特征，也为我们深入理解心理活动的产生机制与运作规律提供了重要的线索与启示。

在运动技能的形成与演进历程中，心理过程始终扮演着至关重要的角色，对技术动作的掌控与调整发挥着不可或缺的作用。具体而言，运动员在执行各类体育项目的技术动作时，一系列与之紧密相关的心理因素均会参与其中，共同影响着技术动作的完成效果。这些因素通常涵盖以下几个主要层面。

认知因素在运动技能的形成过程中占据核心地位。运动员需要对技术动作的原理、要领以及执行步骤进行深入的认知与理解，以便在脑海中构建起清晰的动作表象，为后续的技术实践奠定坚实的基础。

情感因素同样对运动技能的发展产生着深远的影响。积极的情感状态，如自信、专注与激情，能够激发运动员的潜能，提升他们面对挑战的勇气与决心，从而有助于技术动作的流畅执行与高效发挥。

意志因素在运动员克服技术难关、提升技能水平的过程中发挥着关键作用。坚定的意志品质能够帮助运动员在面对困难与挫折时保持冷静与坚韧，促使他们不断突破自我，实现技术动作的精进与突破。

动机因素也是影响运动技能形成与发展的重要心理因素之一。明确的目标设定、强烈的内在驱动力以及对外在奖励的渴望，都能够激发运动员的训练热情与竞技状态，推动他们不断追求卓越，实现技术动作的完美呈现。

在运动技能的形成与演进过程中，认知、情感、意志与动机等心理因素都发挥着举足轻重的作用，共同影响着技术动作的掌控与调节效果。

（四）营养学理论

在人体生长发育的复杂历程中，全面的营养补给扮演着至关重要的角色，它是支撑生命存续与活力的基石。营养之于人体，其重要性不言而喻，它是维系人体各项生理功能正常运转的关键要素，对于促进人体的生长发育、维护身体健康具有不可替代的作用。营养素，这一生命活动的基础物质，主要源自我们日常摄入的食物。然而，值得注意的是，没有哪一种食物能够承担起人体所需的全部营养素。因此，为了确保人体能够获得全面均衡的营养，我们必须从多样化的食物来源中摄取各类营养素。

特别是在人体处于运动状态时，会有大量的营养素消耗。运动，作为促进人体新陈代谢、增强体质的重要手段之一，对营养素的需求提出了更高的要求。在人体运动的过程中，为了及时弥补因运动而消耗的营养素，我们必须注重营养的适时补充。这不仅有助于维持人体在运动状态下的生理平衡，还能促进运动后的恢复与体能的重建。因此，在人体运动的过程中，科学合理地安排营养素的补充，对于提升运动表现、预防运动损伤以及促进身体健康具有深远的意义。

二、体育运动与身体素质

体育运动对身体素质产生的积极影响，是一个跨越生理学、医学、心理学等诸多学科边界的综合性议题，其复杂性与多元性不容忽视。这一议题不仅深刻影响着个体的生理机能与健康状态，更广泛关联到个体的心理健康、社会适应能力等多个维度。

在当前社会背景下，随着生活节奏的加快与压力的不断增大，体育运动的重要性日益凸显，成为促进体质改善、增强健康水平的关键途径。通过科学合理的体育运动，个体不仅能够有效提升心肺功能、肌肉力量等生理指标，还能在心理层面获得显著益处，如减轻焦虑、提升情绪稳定性等。此外，体育运动还能够促进个体的社会交往与团队合作，增强社会适应能力，为个体的全面发展奠定坚实的基础。

体育运动对身体素质的积极影响是一个多维度、跨学科的复杂议题，其重要性不仅体现在生理健康的改善上，更深刻影响着个体的心理健康与社会适应能力。因此，我们应当充分重视体育运动在提高身体素质、提升健康水平方面的作用，通过科学合理的运动方式与强度，为个体的全面发展与健康生活提供有力支持。

三、大学生体育运动中的自我监控

自我监控是体育训练过程中运动参与者运用自我观察与自我检查手段，对自身健康状况、生理机能变动及运动成效进行持续且不间断的监测活动。参与者将这些观察结果系统地记录在训练日志中，以供运动参与者本人、教练员以及医疗专业人员作为评估与参考的依据。这一过程的核心目的，在于科学评价体育锻炼的实际成效，适时调整与优化训练计划，有效预防过度疲劳状况的发生，进而为运动参与者健康水平的提升创造更为有利的条件。

为了充分发挥自我监控的积极作用，教练员与医疗专业人员应当定期审阅并分析自我监控记录表，对关键指标进行细致入微的重点检查。在必要时，他们应依据记录表中的信息，采取针对性的干预措施，以确保运动参与者的训练进程既高效又安全。

这一协同合作的机制，不仅强化了自我监控在体育训练中的应用价值，也为运动参与者提供了更为全面且个性化的健康管理与训练指导服务。

第三节　大学生体育运动的损伤预防与急救原则

一、大学生体育运动的损伤预防

在保障大学生身心健康及提升运动效能的诸多要素中，预防体育运动的损伤占据着举足轻重的地位。鉴于大学生在参与体育活动时可能遭遇的多种潜在伤害，采取科学且高效的预防措施显得尤为关键与迫切。这些预防措施的实施，不仅能够显著降低运动损伤的发生率，还能为大学生提供更加安全、健康的运动环境，进而促进他们运动表现与身心健康的全面提升。

（一）加强运动安全教育，增强预防意识

在大学生群体中，普遍存在着运动安全意识不足的问题，特别是在参与高强度或高风险的体育项目时，他们往往容易忽视运动中的损伤风险。鉴于此，对大学生开展全面且系统的运动安全教育，尤其是在体育课及课外活动中加强这一教育，成为预防运动损伤的首要且至关重要的举措。此外，为了增强预防意识，我们还需要通过有效的教育，使他们深刻认识到运动损伤所带来的后果远不止身体上的疼痛，更可能对其学业进展及日常生活造成深远的影响。通过这样的方式，我们可以进一步增强大学生的自我保护意识，使他们能够更加警觉地面对运动中的潜在风险，从而有效减少运动损伤的发生。

（二）认真做好准备活动，及时采取预防措施

在运动准备阶段，进行适当的热身活动对于降低运动损伤的风险具有至关重要的作用，特别是对于那些易于受损的关节及肌肉组织区域而言，其重要性更是不言而喻。热身活动不仅能够使这些相对脆弱的关节与肌肉群逐渐进入运动状态，提升它们的灵

活性与韧性，还能够有效促进血液循环，为即将参与的体育活动做足充分的生理准备。因此，确保在运动前进行充分且科学的热身活动，是每位运动爱好者都应遵循并重视的重要原则。

（三）合理安排运动量，避免过度运动

在运动计划的制订过程中，应当充分考虑学生的体能状况、所选运动项目的特性以及具体的训练目标，从而为学生量身定制个性化的运动量安排。值得注意的是，过量的运动不仅会加重肌肉、关节等身体部位的负担，还可能引发运动损伤，对学生的身体健康构成潜在威胁。因此，大学生在参与体育活动时，应当秉持循序渐进的原则，切忌急功近利，盲目追求运动量的快速增加。相反，他们应该根据自身的实际情况，逐步且合理地提升运动强度与运动量，以确保运动过程的安全与有效。

（四）加强保护与帮助，提升自我保护能力

在运动实践活动中，同伴间的相互扶持与保护机制对于预防意外伤害的发生具有不可或缺的作用。当大学生投身于团体运动，尤其是那些对抗性较强的项目时，他们应当掌握相互关照的技能，确保在运动进程中能够彼此支持，共同维护运动安全。在此过程中，每位学生都应积极提升自身的自我保护意识与能力，通过学习并熟练掌握一系列应急处理基础技巧，以便在突发情况下能够迅速且有效地应对，从而最大限度地减少运动损伤的风险。

（五）加强医务监督，提升自身保健意识

大学生应当积极提升自身的健康保健意识，在参与体育活动的前后时段，定期进行全面的身体健康检查，以便及时发现并处理潜在的健康问题。尤其对于那些存在较高运动损伤风险的学生群体，学校应当组织专项的体能与运动风险评估，以科学、精准的数据为依据，为他们量身定制适宜的运动方案。

与此同时，为了确保学生在运动过程中的安全与健康，学校应当设立专业的运动医疗保障团队。这些专业人员将对学生的运动状态进行严密的实时监控，及时发现并纠正可能引发运动损伤的不良因素。此外，他们还将为学生提供必要的运动损伤预防知识与急救技能培训，确保学生在面对突发情况时，能够迅速、有效地采取应对措施，从而降低运动损伤的发生概率与危害程度。

二、大学生体育运动的急救原则

紧急救治，简称急救，是在伤病突发事件发生后，立即对受害者实施的一系列紧急且临时性的医疗干预措施。其核心目的在于迅速缓解伤者的痛苦，全力保护其生命安全，有效预防并发症的发生，并为后续进一步的专业治疗及转运工作提供一定的保障。在大学生广泛参与的各类体育运动项目中，急救方法的应用显得尤为重要。由于这些活动往往伴随较高的损伤风险，因此，掌握科学、规范且高效的急救技能，对于减轻伤者痛苦、提升抢救效率以及确保生命安全具有至关重要的意义。

通过系统的急救培训，大学生不仅能够学习到如何在紧急情况下迅速识别伤者的伤情，还能掌握正确的急救操作步骤，如心肺复苏、止血包扎、骨折固定等，从而在关键时刻迅速而有效地为伤者提供必要的救助。这些技能的掌握，不仅能够提升伤者的生存概率，还能在最大限度上减轻其后续治疗过程中的痛苦与不便，为伤者的全面康复创造有利条件。

迅速性：急救的迅速性，简而言之，就是与生命赛跑。在各类体育运动场景中，诸多意外伤害事件，诸如心搏骤停、重度外伤乃至窒息等危急状况，均要求急救人员能够在极短的时间内迅速响应，即刻施行科学有效的急救举措。每一秒的耽搁，都可能使伤者的处境愈加危急，降低抢救成功的可能。因此，急救人员必须练就敏锐的反应能力，确保在千钧一发之际，能够凭借过硬的专业素养，迅速而精准地作出判断，并立即付诸实践，以期最大限度地保障伤者的生命安全。

急救人员需时刻保持高度的警觉性，对运动场上可能出现的各类突发状况保持敏锐的洞察力。一旦意外发生，他们必须能够即刻启动应急反应机制，依据伤者的实际情况，迅速评估伤情，并果断采取最为适宜的急救措施。这一过程中，急救人员的专业素养、经验积累以及应急处理能力都将发挥至关重要的作用。唯有如此，方能在与时间赛跑的过程中，为伤者争取到宝贵的生机。

准确性：在实施急救的过程中，精准辨识伤者的伤害类型并迅速采取恰当的急救手段是至关重要的环节。大学生在参与体育运动时，常会遇到诸如骨折、关节扭伤以及颅脑震荡等一系列情况。面对这些运动伤害，急救人员必需凭借专业的判断力，对伤者的实际状况进行精准评估，以防范因错误的急救操作而引发伤势的进一步恶化。

面对骨折的伤者，急救人员需迅速而稳妥地固定伤者的受伤肢体，以防止因不当的移动或搬运而引发的二次伤害。在这一过程中，正确的固定方法以及合适的固定器材均至关重要。而对于颅脑震荡等类型的伤害，急救人员需格外谨慎，务必确保伤者的头部免受任何形式的再次冲击，以免加重伤情或引发更为严重的后果。

急救人员在实施急救时，必须时刻保持冷静与专注，凭借丰富的专业知识与实战经验，对伤者的伤害类型进行精准判断，并据此迅速采取最为适宜的急救措施，以期最大限度地减轻伤者的痛苦，并为其后续的救治工作奠定坚实的基础。

有效性：急救工作的核心宗旨在于最大限度地缓解伤者的痛苦感受，确保生命安全，防止伤情进一步恶化，并为后续的医学治疗创造有利条件。在实施急救措施时，必须紧密结合伤者的具体伤情特点，采取精准有效的救治手段。举例来说，当遭遇心搏骤停的紧急状况时，急救人员须立即启动心肺复苏措施，以恢复伤者的心跳与呼吸功能；而对于存在大出血情况的伤者，则需迅速实施止血措施，以控制出血量并降低休克风险。

此外，在急救过程中，除关注伤者的生理状况外，还需充分重视心理层面的需求与感受。急救人员应确保伤者处于相对舒适的状态，避免因急救操作而给其带来额外的心理压力或恐惧感。为此，急救人员需采用温和的语气与态度，对伤者进行适当的安抚与鼓励，以增强其战胜伤痛的信心与勇气。通过这些综合性的急救措施，我们可以为伤者提供更加全面且人性化的救助服务，助力其尽快恢复健康。

生命安全优先：在所有急救原则之中，保障伤者的生命安全无疑是至关重要的。在实施急救行为的过程中，一旦伤者面临生命威胁的紧急状况，急救人员需立即采取心肺复苏、快速止血等一系列核心救治手段，以此赢得宝贵的时间窗口，并为后续医疗团队的介入创造有利条件。特别是在体育活动中可能出现的猝死、心搏骤停等突发情况中，及时的现场干预与专业的急救技能显得尤为关键。

急救人员须具备敏锐的洞察力与果断的决策力，能够迅速识别伤者的生命体征变化，并依据伤情的严重程度与紧迫性，合理调配急救资源，优先实施最为迫切且有效的救治措施。在这一过程中，心肺复苏与快速止血等操作不仅是对伤者生命的直接挽救，更是为后续医疗团队的救治工作奠定了坚实的基础。因此，急救人员需不断提升自身的专业技能与应急处理能力，以确保在紧急情况下能够迅速而准确地作出反应，为伤者的生命安全提供坚实的保障。

第六章　大学生体质健康与科学锻炼

大学生的体质健康状况及科学的锻炼实践,是增强其身体素质、推动形成健康生活方式的基石所在。本章旨在深入探讨大学生体质健康状态与锻炼行为之间的内在联系,以及相应的科学指导原则。我们将细致分析大学生体质健康水平与锻炼习惯之间的相互作用,同时,也将着重阐述大学生运动的基本原则及个性化运动处方的制定。此外,本章还将进一步探讨大学生科学锻炼的实践路径,以及如何通过科学锻炼来引导大学生身体素质的全面发展。

我们将从多个维度出发,对大学生体质健康的现状与特点进行剖析,并据此提出针对性的锻炼建议。同时,我们也将尝试通过科学的指导原则与个性化的运动处方来为关注大学生在运动过程中可能遇到的挑战与困惑提供有效的解决方案。最终,我们期望能够通过本章的探讨,为大学生体质健康与科学锻炼的全面发展提供有益的参考与启示。

第一节　大学生体质健康与科学锻炼行为

一、大学生体质健康

大学生群体作为我国社会发展蓝图中的宝贵资源与未来希望的承载者,在践行中国特色社会主义核心价值观、奋力推进伟大中国梦的征程中,发挥着无可替代的现实作用与深远影响。在他们的成长与发展过程中,体质状况是支撑他们投身于各类实践活动、实现个人潜能与价值的坚实基础。鉴于此，我们有必要强调，通过科学合理的体育锻炼来强健体魄、提升体质，对于大学生而言具有极其重要的意义。

科学的体育锻炼不仅能够有效增强大学生的身体素质，提升体能水平，还能够促进他们的心理健康，培养其坚韧不拔的意志品质与积极向上的生活态度。此外，体育锻炼还能够丰富大学生的课余生活，增进同学间的友谊与合作，为大学生的全面发展打下坚实的基础。因此，我们应当积极引导大学生树立正确的体育观念，鼓励他们投身于多样化的体育锻炼之中，以期在增强体质的同时，为他们的未来发展注入更为强劲的动力与活力。

大学生体质健康这一概念，蕴含了丰富而多维的内容，它不仅与学生的基本身体状况息息相关，更深入到身体机能的高效运作、生理健康的全面维护以及心理状态的积极稳定等多个层面。为了更为全面地理解与把握大学生体质健康的本质，我们可以从以下几个维度进行深入的剖析与探讨。

首先，大学生的身体状况是其体质健康的基础构成，涵盖了身高、体重、体形等基本形态指标，以及肌肉力量、耐力、柔韧性等体能素质。同时，身体机能的良好状态也是体质健康不可或缺的组成部分，它涉及心血管系统、呼吸系统、神经系统等各大生理系统的协调运作与高效功能。

其次，生理健康的全面维护同样至关重要，它要求大学生在日常生活中注重饮食营养的均衡摄入、作息时间的科学安排以及疾病预防与治疗的及时有效。

最后，心理状态的积极稳定也是大学生体质健康不可忽视的方面，它关乎着大学生的情绪管理、压力应对以及人际交往等心理层面的能力表现。

二、促进大学生体质健康的意义

在当今社会迅猛发展的背景下，人们的物质生活水平得到了前所未有的提升。然而，这一进步的背后，也潜藏着诸多对个体健康构成威胁的因素。鉴于此，在当前复杂多变的社会环境中，采取切实有效的措施来增强国民体质健康，显得尤为重要且迫切。

随着现代科技和工业的飞速发展，人们的生活节奏日益加快，工作压力不断增大，加之不良的生活习惯和环境污染等因素的影响，使得人们的身体健康面临着前所未有的挑战。因此，如何在这一背景下，通过科学合理的体育锻炼、均衡的饮食搭配以及良好的生活习惯等手段，全面提升国民的体质健康水平，已成为当前社会亟待解决的重要课题。

因此，推动大学生体质健康的提升，其深远意义不仅在于强化身体素质，更在于全面增进大学生的整体健康状态，助力他们构建积极向上的生活观念，从而优化生活质量，并最终实现身心和谐共进的愿景。

在这一进程中，体质健康的提升成为大学生全面发展的基石。它不仅关乎学生体能状况与运动能力，更深刻地影响着他们的心理状态、社交能力等多个层面。通过积极参与体育锻炼，大学生不仅能够增强体魄，提升身体机能，还能够在运动中学会坚韧不拔、勇于挑战的精神品质，这些都将为他们未来的生活与职业发展奠定坚实的基础。

体质健康的提升也有助于大学生塑造更加积极向上的生活态度。在体育锻炼的过程中，学生将学会如何面对困难与挑战，如何在逆境中保持乐观与坚韧，这些都将对他们的心理状态产生积极的影响，使他们能够以更加饱满的热情与更加坚定的信念去迎接生活中的每一个挑战。

三、大学生的体育锻炼行为

大学阶段作为青少年向成年过渡的关键时期，深入探究大学生在这一时期的体育锻炼特征与行为规律，不仅有助于提示青年体质发展的阶段性变化机制，更能为完善全民健身、推动体育强国建设提供重要的理论与实践依据。

大学阶段是学生身心快速发展的关键时期，他们的体育锻炼行为不仅直接关联到个人体质的增强与健康水平的提升，更在一定程度上映射出社会整体对于体育锻炼的重视程度与文化氛围。因此，通过系统研究大学生体育锻炼行为的特征、动机以及影响因素，我们可以更为精准地把握青少年向成年过渡期间体育锻炼的促进因素与制约条件，从而为制定更加科学合理的体育政策与指导方案提供有力依据。

（一）体育锻炼行为理论

体育锻炼行为，作为个体或集体针对所处环境的一种积极反馈，与人们的生活方式之间存在着紧密且深远的联系。生活方式，这一综合性的概念，囊括了物质生活资料的消费模式、精神追求的满足方式以及闲暇时光的利用方式等多个维度。而体育锻炼行为，则是在个体对身体活动具备一定认识与理解的基础上，逐步形成并发展起来的。

人们在日常生活中对于物质生活资料的消费，不仅体现了其经济基础与消费观念，也在一定程度上影响了其对于体育锻炼的投入与热情。同样,精神生活方式的丰富与否,也直接关系到个体是否拥有足够的动力与意愿去参与体育锻炼。此外,闲暇生活方式的多样性与质量,更是为个体提供了进行体育锻炼的时间与空间保障。

我们可以说,体育锻炼行为是在个体对身体活动形成一定认知与理解的基础上,受到生活方式多方面因素共同影响与塑造的结果。它不仅是个体或集体适应环境、提升生活质量的一种重要方式,更是推动社会整体健康水平提升、促进全民健身运动普及的关键因素之一。

体育锻炼行为,作为一种由个体主动发起的身体活动形式,其内涵丰富且深远,旨在通过持续的身体锻炼来提升或保持个体的健康水平与身体素质。这种行为不仅仅是一种简单的身体运动,更是一种在特定时间段内,以明确且具体的目标为导向,通过反复实践而形成的习惯性行为。

相较于一般的身体活动,体育锻炼行为具有独特性与显著性。明确且具体的目标导向,是锻炼行为区别于其他形式身体活动的关键所在。个体在进行锻炼时,通常会设定清晰的目标,如增强肌肉力量、提高心肺功能、改善体态等,这些目标为锻炼行为提供了明确的方向与动力。同时,体育锻炼行为还强调了一定的强度要求,这意味着个体在进行锻炼时,需要达到一定的身体负荷,以确保锻炼效果的最大化。

体育锻炼行为它不仅能够提升个体的健康水平与身体素质,更是一种在特定时间内反复进行、逐渐形成的习惯性行为。这种行为模式的形成,对于促进个体的全面发展与社会的整体健康水平具有重要意义。

锻炼行为的相关理论如下。

1. 健康信念模型

健康信念模型,这一理论模型最初源自健康心理学的研究范畴,随后被巧妙地融入锻炼心理学的探讨之中。该模型指出,健康行为的产生是众多心理社会因素交织作用的产物,而个体的健康信念则构成了这一复杂机制的核心支柱。这些信念,作为个体内心深处对健康问题的认知与态度,不仅深刻地塑造着他们对健康威胁的感知方式与敏感度,而且在很大程度上引导并决定着他们是否愿意采取行动来维护或提升自身的健康状况。

健康信念模型强调了个体信念在健康行为决策中的核心地位。这些信念不仅关乎个体对健康状态的评价与期望,还涉及他们对潜在健康风险的认知与评估。正是这些信念，促使个体在面对健康威胁时，能够积极采取行动，如增加锻炼频率、改善饮食习惯等，以期达到预防疾病、提升生活质量的目的。

健康信念模型在锻炼心理学领域的应用，为我们提供了一个深入理解健康行为形成机制的独特视角。它揭示了个体健康信念在调节健康威胁感知与影响健康行为采纳中的关键作用，为制定有效的健康促进策略提供了坚实的理论基础。

2. 合理行为理论与计划行为理论

合理行为理论秉持着一个核心观点，当个体面临潜在威胁时，他们会倾向于采取最为理性的行动策略来应对，而在这一过程中，个体的意图被视为预测其未来行为走向的一个极为关键的指标。在此基础上，计划行为理论作为合理行为理论的进一步深化与拓展，其在理论框架中巧妙地融入了行为控制变量的概念，从而为我们提供了一个更为全面且深入的行为分析视角。

计划行为理论指出，个体行为的最终形成并非仅仅取决于其意图的强烈程度，而是同时受到个体对行为控制能力的感知与评估的深刻影响。换言之，即使个体有着强烈的意图去执行某一行为，当他们感知到自己对这一行为的控制能力较弱，那么这一行为最终得以实现的可能性也会大打折扣。因此，在探讨个体行为形成的机制时，我们不仅要关注意图的强弱，还要深入分析其对行为控制能力的认知与感受。

计划行为理论通过引入行为控制变量的概念，为我们理解个体行为形成的复杂性提供了更为丰富的视角与更为深入的洞察。它不仅强调了意图在预测行为中的重要性，还揭示了行为控制能力感知对行为实现的深远影响，为相关领域的研究与实践提供了有力的理论支撑。

3. 控制点理论

控制点理论深入探讨了个体如何评估那些能够影响自身行为的各种因素，并据此判断这些因素是处于自身的掌控之中，还是由外部他人或不可预测的偶然因素所主导。这一理论框架的核心在于，个体对于控制点的不同认知，会对其在面对行为改变时所展现出的主动性与决策方式产生深远的影响。

当个体认为某一行为的主要影响因素处于自己的控制范围内时，他们往往会表现出更高的主动性，积极寻求改变并制订相应的行动计划。相反，如果个体认为这些因素是由外部力量或偶然因素所决定，他们可能会更倾向于采取被动态度，对行为改变持观望或消极应对的态度。

控制点理论不仅揭示了个体对行为影响因素的评估与判断，如何影响其主动性和决策方式，还为我们提供了一个深入理解个体行为差异与行为改变机制的独特视角。它强调了个体认知在行为形成与改变中的核心作用，为相关领域的研究与实践提供了有力的理论支撑。

控制点理论通过探讨个体对影响行为因素的控制感知，为我们揭示了不同控制点认知下的个体在行为改变中的主动性与决策方式的差异，为深入理解个体行为及其改变机制提供了重要的理论参考。

4.社会认知理论

社会认知理论深刻阐述了个体、行为以及环境三者之间复杂而微妙的相互作用关系，指出这三者之间存在着紧密且深远的影响。在这一理论框架下，个体的认知过程、思维方式以及情感体验被视为塑造并驱动行为的关键因素，它们在行为形成与发展中扮演着至关重要的角色。

社会认知理论尤为强调，社会环境对于个体行为的影响。个体所处的社会环境，包括文化背景、社会规范、人际关系等，都在潜移默化地塑造着个体的认知框架与行为模式。同时，该理论也高度重视自我认知在行为形成中的核心地位。个体如何认识自己、评价自己的能力以及如何看待自己与他人的关系，都会对其行为决策产生深远的影响。

社会认知理论不仅揭示了社会环境与自我认知对行为形成的共同作用，还为我们提供了一个深入理解个体行为差异与行为改变机制的独特视角。它强调了个体与环境之间的动态互动，以及这种互动如何影响个体的认知过程与行为表现，为相关领域的研究与实践提供了有力的理论支撑。

总之，社会认知理论通过深入探讨个体、行为及环境三者之间的相互作用关系，强调了社会环境与自我认知在行为形成中的重要作用，为我们理解个体行为的复杂性及其背后的动因提供了重要的理论框架与启示。

5.跨理论模型

跨理论模型为我们提供了一个综合性的视角，从认知维度、行为表现以及时间进程这三个层面，全面而深入地审视了行为变化这一复杂过程。该模型强调，在锻炼行为改变的各个阶段中，不同类型的认知因素所扮演的角色与重要性是各不相同的。

基于跨理论模型的这一核心观点，我们在制定锻炼行为干预策略时，必须充分考虑个体当前所处的具体阶段。这意味着，我们不能采取"一刀切"的干预方式，而是要根据个体在认知、行为以及时间维度上的不同表现，量身定制出最为适宜的干预策略。唯有如此，我们才能更有效地引导个体跨越行为改变的各个阶段，最终实现锻炼行为的持久改变与健康生活方式的养成。

总之，跨理论模型通过从认知、行为和时间三个维度来综合考察行为变化过程，为我们揭示了个体在锻炼行为改变中不同阶段认知因素的重要性差异。这一理论框架不仅为我们提供了制定个性化锻炼行为干预策略的理论依据，也为推动个体健康行为的形成与巩固提供了有力的支持。

（二）大学生体育锻炼行为的特点

1. 性别差异具有显著性

大学生群体在体育锻炼行为上表现出明显的性别差异。男性大学生在锻炼的频次、持续时间及强度方面通常高于女性，这一差异的形成受到多重因素的影响：生理层面，女性的肌肉含量与体能特征可能导致其在高强度锻炼中的耐受性相对较低；心理层面，社会文化对女性身材塑造的审美导向，使其更倾向于选择低强度、短时长的锻炼方式，如瑜伽、舞蹈等；社会层面，性别角色的刻板印象也在一定程度上影响了体育锻炼的选择与参与程度。因此，针对大学生体育锻炼的性别差异，亟须制定科学合理的锻炼策略，以促进性别均衡的发展。

2. 锻炼动机具有多元性

大学生体育锻炼的动机并非单一，而是涵盖健身、娱乐、竞技、体形管理以及终身体育培养等多个层面。增强体质、保持健康是最主要的驱动力。随着学业与生活压力的增加，大学生普遍希望通过体育锻炼提升身体素质，以增强精力、提高学习效率。此外，部分学生则将体育锻炼视为社交手段，以增强人际互动、丰富校园生活。值得注意的是，随着社会对健美意识的增强，一些大学生将体育锻炼作为塑造体形的重要方式，这在一定程度上推动了健身房训练、体能训练等项目的流行。因此，了解并满足大学生体育锻炼的多元化需求，对高校体育工作的优化具有重要价值。

3. 锻炼方式具有多样化

大学生在体育锻炼方式的选择上呈现多样化趋势。传统的球类运动，如篮球、足球、羽毛球等，依然受到广泛青睐，同时，新兴的健身训练、户外运动等逐渐兴起，并受到部分学生的喜爱。换句话说，团队类运动因社交性强、竞技感突出，成为大学生课余活动的重要组成部分；而个体健身训练，如跑步、游泳等，则受到希望塑造体形、提高耐力的学生群体的青睐。此外，受数字技术的推动，智能健身设备和线上运动课程的兴起，为大学生提供了更加灵活、多元的锻炼选择。

4. 锻炼行为具有阶段性特征

大学生体育锻炼行为往往具有明显的阶段性特征，即随着学业压力、生活环境的变化，锻炼习惯可能呈现波动性。通常而言，低年级学生因时间较为宽裕、适应校园生活较快，锻炼频率相对较高，而高年级学生受毕业压力、实习就业等因素影响，锻炼时间可能逐渐减少。此外，体育锻炼在不同学期的表现也有所不同，例如，学期初和学期末锻炼参与率相对较低，而学期中段则较为活跃。因此，高校在制定体育课程和课外锻炼方案时，应充分考虑大学生体育锻炼的阶段性特征，并采取相应措施，确保体育锻炼的持续性与稳定性。

5. 锻炼行为受外界环境影响较大

大学生体育锻炼行为容易受到外界环境的影响，包括校园体育设施的完善程度、体育课程安排、同伴影响等。优质的体育设施与合理的场地规划能够有效提升大学生参与体育锻炼的意愿；体育课程的设置与教学方式也在一定程度上影响着大学生的体育参与度，例如，兴趣导向型课程较容易激发学生的运动热情。此外，社会环境对体育锻炼的关注度、社交媒体对健身潮流的推广，也会影响大学生的锻炼行为。因此，高校应通过优化校园体育环境、合理设置体育课程、引导健康的体育文化，促进大学生积极参与体育锻炼。

（三）大学生体育锻炼行为的培养

1. 培养学生对体育锻炼的兴趣

在体育教学实践中，激发并维持学生参与体育锻炼的内在兴趣与高昂热情，无疑是一项至关重要的任务。教师需致力于将学生的锻炼行为由外在驱动的被动状态，转化为内在驱动的主动态势。为此，精心设计与规划的教学内容显得尤为关键，它应当兼具丰富性、生动性与趣味性，旨在使每位学生在参与体育活动的过程中，既能面对适度的挑战，激发潜能，又能深切体会到运动所带来的愉悦与满足。

通过精心策划的体育活动，让学生在锻炼中寻觅乐趣的源泉，这将有助于他们自然而然地形成对体育活动的持久兴趣与稳定偏好。当学生能够从运动中汲取快乐与成就感时，他们便会自然而然地萌生出持续参与、不断挑战自我的强烈欲望。这种由内在动机驱动的运动欲望，不仅能够促使学生在体育锻炼中投入更多的精力与热情，还能够为他们的终身体育意识与习惯的培养奠定坚实的基础。

因此，教师在体育教学过程中，应当注重教学内容的创新与多样化，以富有吸引力的活动形式与丰富的内容，激发学生的学习兴趣与热情。同时，还应关注学生的个体差异与需求，提供个性化的指导与支持，帮助他们在体育锻炼中找到适合自己的乐趣与挑战，从而实现对体育活动持久兴趣的培养与运动欲望的持续激发。

2. 实施素质教育

教育行政部门与学校管理层应当对学生的身心健康状况给予充分的重视与关注，并采取一系列切实可行且富有成效的措施，以积极引导学生投身于自己热爱的体育活动之中。通过此种方式，不仅能够显著增强学生的体质状况，还能在很大程度上促进学生的身心健康发展，为其未来的全面发展奠定坚实的基础。

在推进素质教育的实施过程中，我们应着重培养学生的综合素质，旨在将他们塑造成为具备德智体美劳全面发展的社会主义建设者和接班人。具体而言，我们应通过丰富多样的体育活动与课程设置，充分尊重学生的个人兴趣与特长，鼓励他们积极参与、勇于挑战，从而在实践中不断锤炼自己的意志品质，提升身体素质，并在此过程中逐渐形成积极向上的生活态度与价值观念。

教育行政部门与学校还需为学生的综合素质提升提供全方位的支持与保障。这包括但不限于完善体育设施、优化教学资源配置、加强师资队伍建设等方面的工作，以确保每位学生能在良好的环境中得到充分的发展与成长。

教育行政部门与学校管理层应通过积极推进素质教育、引导学生参与体育活动、提供全方位的支持与保障等策略，为学生的全面发展与综合素质提升创造更加有利的条件与环境。

3. 充分开发和利用体育课程资源

体育课程资源的有效发掘与充分利用，易使学生更主动地投身于体育锻炼活动中。这些资源的整合与优化配置，为学生构建了一个积极投入体育锻炼的优质环境，进而为培养学生形成持久且稳定的锻炼习惯奠定了坚实的基础。

体育课程资源的开发不仅仅局限于传统意义上的体育设施与器材的完善，更涵盖了教学方法的创新、课程内容的丰富以及体育文化氛围的营造等多个层面。通过将这些资源进行科学合理的整合与利用，我们可以为学生提供一个既充满挑战又富有趣味性的体育锻炼平台,激发他们锻炼的兴趣与热情。

学生能够在这种积极向上的体育锻炼氛围中,逐渐认识到体育锻炼对于自身身心健康的重要性,进而形成自觉参与、持续锻炼的良好习惯。这种习惯的养成,不仅有助于提升学生的体质健康水平,还能够对他们的心理健康产生积极的促进作用,为他们未来的全面发展奠定坚实的基础。

体育课程资源的有效发掘与充分利用,是促进学生积极参与体育锻炼、形成锻炼习惯的关键因素。因此,我们应高度重视体育课程资源的开发与利用工作,为学生的全面发展提供有力的支持与保障。

4.加强体育课程教学改革

鉴于学生在体育锻炼方面普遍展现出较强的依赖性特征,且自主参与体育锻炼的频率相对较低,教育行政部门与学校亟须采取一系列行之有效的举措,以切实提升体育课及课外活动的频次与持续时间。在此过程中,学校应充分依托自身的教学资源与周边环境优势,精心策划并组织形式多样、内容丰富的体育活动,这些活动需紧密贴合学生的身心发展特点,以充分激发他们的参与热情。

为确保学生能够获得充足的体育锻炼机会,学校应明确规定,每日至少为学生提供一个小时的专门锻炼时间。这一举措旨在通过持续且规律的体育锻炼,逐步引导学生养成良好的锻炼习惯,进而为他们的终身体育发展奠定坚实的基础。在此过程中,学校还需注重培养学生的自我锻炼意识与能力,鼓励他们在课余时间也要积极主动地参与体育锻炼,以进一步巩固和拓展课堂锻炼的成果。

教育行政部门与学校应高度重视学生在体育锻炼方面的依赖性及自主参与不足的问题,通过增加体育课及课外活动的频次与时长、组织形式多样的体育活动以及确保学生每日获得足够的锻炼时间等举措,共同推动学生养成良好的体育锻炼习惯,为他们的终身体育发展创造有利条件。

第二节　大学生科学锻炼原则及运动处方

为了全面增强学生的体质状况，推动其健康成长进程，并保障学校教育教学工作的平稳有序开展，教育主管部门与体育管理部门在学生各个发展阶段颁布了一系列针对性强、操作性高的相关政策措施。基于运动锻炼的核心原则，设计并实施科学、合理的个性化运动方案，此举对于有效提升大学生的身体素质水平具有不可估量的重要价值。

这些政策措施不仅涵盖了体育课程设置、课外活动组织、体育锻炼时间保障等多个方面，还强调了运动锻炼应遵循的基本原则，如循序渐进、因人而异、持之以恒等。在这些原则的指导下，制定个性化运动方案显得尤为重要。个性化运动方案应根据大学生的身体状况、兴趣爱好、运动习惯等因素进行量身定制，旨在通过科学合理的运动安排，激发他们的运动热情，提高他们的运动效果。

教育主管部门与体育管理部门还应加强对大学生体育锻炼的指导和监督，确保他们能够在安全、有序的环境中进行锻炼。通过定期举办体育锻炼知识讲座、开展运动技能培训等活动，提高大学生的运动素养和自我保护能力，为他们的健康成长提供有力保障。

教育主管部门与体育管理部门出台的相关政策措施，旨在通过科学合理的运动处方，全面提升大学生的身体素质水平，推动其健康成长进程，并保障学校教育教学工作的平稳有序开展。

一、大学生运动锻炼的原则

（一）FIT 原则

FIT 原则是指频率（Frequency）、强度（Intensity）与时间（Time），这三个字母代表了锻炼的基本监控维度。FIT 原则强调在进行以身体健康为主要目的运动时，必须科学地控制锻炼的频率、强度和时间。通过合理运用这些要素，可以帮助人们在确保安全的前提下，获得更好的运动效果。

频率：频率指的是每周进行体育锻炼的次数。为了达到更显著的健身效果，大学生应确保每周进行 3~5 次的体育锻炼。研究表明，规律性的锻炼频率有助于增强身体的适应性，提高体能和免疫力。此外，坚持一定次数的运动也有助于形成健康的生活习惯，促进身心全面发展。

强度：强度指的是运动过程中所施加的体力负荷。在有氧运动中，心率是评估运动强度的重要指标。要确保锻炼效果并避免过度负荷，锻炼者的心率应保持在最大心率的 60%~80%。可以通过监测心率来掌控运动强度，同时遵循循序渐进的原则，逐步增加运动的强度。此外，运动者应根据自身的身体状况和健康水平调整强度，避免出现过度疲劳或运动损伤。

时间：时间指的是每次运动的持续时间。在有氧运动中，每次运动的最佳时长为 20~30 分钟。此时段有助于提高心肺功能，增强循环系统的耐力。尤其在初学者或体能较差的人群中，控制运动时间和强度尤为重要。为了提升耐力，大学生可以通过参加健身课程或进行有氧运动，逐步增强身体适应能力。

（二）超负荷原则

超负荷原则是指在体育运动过程中，身体或某些肌肉所承受的刺激强度应当超过平时的活动水平，超出其原有的适应能力，以促进身体素质的逐步提升。只有在运动中不断提高身体的负荷，才能有效激发身体的适应与超越能力，逐渐增强体能。

对于提升有氧耐力水平，超负荷原则的实施方法主要包括：逐渐增加运动的频次；逐步延长每次运动的持续时间；逐步提高每次运动的强度。这些方法有助于身体逐步适应更高强度的有氧运动，从而提高心肺功能。

对于肌肉力量的增强，实施超负荷原则的有效方法包括：增加器械的重量，增多每组练习的次数或组数，缩短组间休息时间等。这些手段能够刺激肌肉的增长与力量提升，促使肌肉在不断负荷下发展。

超负荷原则同样适用于关节和肌肉的柔韧性训练。实现这一目标的方法包括：延长肌肉拉伸的时间、增加拉伸的幅度，以及扩大关节活动的范围。这些训练可以有效提高关节和肌肉的灵活性、柔韧性，减少运动伤害的风险。

尽管超负荷锻炼有助于提升身体素质，但这并不意味着必须进行极度超负荷的练习。实际情况下，如果只是为了保持身体健康或进行素质增强，一般的适度锻炼是足够的。如果目标是显著提高身体素质，达到更好的锻炼效果，就需要根据超负荷原则进行训练,并付出更长时间的努力。

(三) 循序渐进原则

体育锻炼应根据身体和心理发展规律,以及个人实际情况,循序渐进地调整运动内容、方法和负荷,逐步改善身体状况。锻炼时,适应身体对环境变化的规律,避免急功近利,因为过快的训练进度不仅无法提高身体素质,还可能导致伤害。

大学生在进行体育锻炼时,应根据自身身体状况和发展规律,遵循循序渐进的原则,逐步提高运动强度。由于有些大学生好胜心强、性格冲动,容易急于求成,这可能会导致过度锻炼或运动伤害。因此,在锻炼过程中,应避免盲目追求速度或过高目标,保持科学、合理的训练进度,确保身体逐步适应,从而有效提高身体素质并减少受伤风险。

1. 合理选择锻炼内容

大学生在选择锻炼项目时,首先应根据个人的身体状况和健康状况进行评估。每个人的体质不同,因此适合锻炼的项目和起点也有所不同。对于体质较好、已有一定运动基础的大学生,可以选择一些较为剧烈的运动,如田径、游泳、篮球、足球等竞技项目,这些运动能够有效提高心肺功能和肌肉力量,进一步提高身体素质。而对于体质较弱或较少进行锻炼的大学生,则应选择温和的运动项目,如慢跑、徒手操、瑜伽、乒乓球、太极拳等。这些运动不仅能够改善身体协调性、柔韧性,还能帮助增强心肺功能和肌肉力量。对于有慢性疾病或长期久坐的大学生,低强度且有益健康的运动项目,如散步、太极拳等,是更为适宜的选择,能够有效提高身体的基础代谢率,促进血液循环,降低慢性病风险。随着体质的逐渐提升,可以逐步增加锻炼强度,选择更具挑战性的运动项目,如高强度间歇训练、力量训练等,从而获得更全面的健康收益。

2. 运动量逐步加大

大学生在进行体育锻炼时,应遵循循序渐进原则,逐步增加运动量。锻炼的初期,不宜一开始就进行高强度的运动,避免因过量运动而导致身体不适或运动伤害。初期可以选择时间较短、强度较低的运动,逐步让身体适应新的运动强度。随着锻炼的持续进行,体能和适应能力会逐渐提高,可以逐步增加运动的强度、时间和频率,以达到更好的锻炼效果。如果运动量长期停留在一个固定水平,身体的适应性会逐渐降低,无法继续提升体能。因此,运动量应遵循"刺激—适应—再刺激—再适应"的规律进行调整。具体来说,每次运动后,应根据身体的疲劳情况逐渐调整下一次运动的强度。

因病或因伤中断锻炼的大学生，在恢复训练时应更加注意循序渐进，避免一开始就恢复到原来的运动强度。此时，逐步增加运动量是确保身体安全、避免运动伤害的关键。

3.锻炼过程也要循序渐进

大学生每次进行体育锻炼时，都应包括充分的热身活动和恢复活动。热身能够帮助身体逐渐进入运动状态，增加肌肉和关节的温度，促进血液循环，从而减少运动损伤的发生。热身活动包括慢跑、动态拉伸等，以激活全身的肌肉群。在锻炼结束后，大学生不应立即停止运动，而应进行适度的恢复活动，如缓步走、伸展运动等。这些恢复活动有助于帮助肌肉放松，改善血液循环，促进代谢废物的排出，减少肌肉酸痛，防止乳酸堆积。特别是在进行较长时间的有氧运动（如长跑）后，恢复活动非常重要。长跑前可先慢跑 5~10 分钟，逐渐提高心率，帮助身体适应运动强度；长跑后则可以进行步行或拉伸，降低心率，缓解疲劳，防止运动后的肌肉紧张。此外，适当的拉伸不仅可以提高柔韧性，还能避免运动中的拉伤和扭伤。通过这些循序渐进的过程，大学生可以确保锻炼效果，并有效地促进身体健康。

（四）安全性原则

大学生在参加体育运动时，保障自身安全是首要任务。为了有效预防运动损伤和确保锻炼效果，遵循"以安全为第一要素"的原则非常重要。以下是具体的安全性原则。

第一，进行体检并获得医生认同。在制订或实施锻炼计划之前，大学生必须进行全面的体检，并且根据体检结果寻求医生的建议。有些学生可能存在隐性健康问题，如某些疾病或家族遗传病史，因此在锻炼之前，必须确保身体能够承受运动强度，并根据医生的意见进行必要的治疗或调整。

第二，运动医学专家开具运动处方。为了使锻炼更加安全、科学并具有明确目的，大学生可以寻求运动医学专家的指导，根据个人体质和健康状况开具运动处方。专业的运动处方能够为运动者量身定制适合的锻炼方式、强度和频率，从而避免过度锻炼或不适合的运动方式引发的伤害。

第三，做好充分的准备活动。任何运动前，充分的热身和准备活动都是必需的。热身不仅有助于提高身体的核心温度，还能减少运动损伤的风险。有效的热身活动包括动态拉伸、低强度的有氧运动等，能够帮助身体逐渐适应运动负荷。

第四，避免在特殊情况下运动。在某些特定情况下，大学生应暂停锻炼。例如，饭后不应进行剧烈运动，因为消化过程中的血液流向胃肠道，过度运动会影响消化；

在感到饥饿、疲劳或者生病恢复期时,应该避免剧烈运动。特别是处于生病恢复期的学生,运动量需要逐渐增加,避免高强度锻炼。

第五,运动后做好恢复与放松。如果希望快速恢复机体状态,大学生应在运动后进行调节和放松活动,帮助身体逐步恢复到正常状态。放松活动包括静态拉伸、深呼吸等,能够缓解肌肉紧张,促进血液循环,减少运动后的不适感和肌肉酸痛。

第六,合理饮水与避免剧烈冷热反差。在运动过程中,不应大量饮水,因为这可能增加心脏负担或导致不适,如胃肠不适。运动后的饮水量也应适量,避免过度饮水。此外,运动后不应立刻洗冷水澡,因为冷水刺激会导致血管收缩,不利于肌肉和关节的恢复,可能引发不适甚至伤害。

安全性原则不仅能帮助大学生在运动过程中避免不必要的伤害,还能保证锻炼的效果和身体健康,进一步促进身心的协调发展。

二、大学生运动处方

运动处方是由康复医师、康复治疗师、体育教师、社会体育健身指导员、私人健身教练等专业人员,根据患者或体育健身者的年龄、性别、健康状况、身体素质,以及心血管和运动器官的功能状况,结合主客观条件,制订的个性化运动计划。运动处方的内容包括适合的运动项目、运动强度、运动时间和频率,并特别指出运动中的注意事项,以实现科学、有计划的康复治疗或运动健身的目的。该概念明确了运动处方的制定者、对象、依据、内容及目的等要素,强调应以处方对象(患者或体育健身者)为中心,制定个性化的运动处方。按照运动处方进行科学锻炼,既安全可靠,又具有计划性,能够在短期内有效地实现健身和疾病康复的目标。

(一)运动处方的内容

对大学生来说,运动处方的内容应结合大学生的身体特征、生活方式、运动需求以及心理状况来制定,具有个性化、针对性和可操作性。

1. 运动种类

不同的运动种类对身体的不同部位和系统产生不同的影响。对于大学生而言,应根据其健康状况、运动兴趣以及实际需求选择合适的运动项目。常见的运动项目包括有氧运动、力量训练、柔韧性训练和功能性训练等。有氧运动(如跑步、游泳、骑行等)大学生可以增强心肺功能,提高耐力;力量训练(如举重、俯卧撑等)有助于增加肌肉力量，改善骨密度；柔韧性训练（如瑜伽、拉伸运动等）可以提高关节的活动度，预防运动损伤；功能性训练（如平衡、协调等）有助于改善日常生活中的运动能力。

2. 运动强度

运动强度的设计需要根据大学生的健康水平和体能状况来确定。对于健康水平和体能状况较好的大学生，运动强度可以适当增加，以提升其体能状况和健康水平；而对于体能较差或有某些健康问题的大学生，运动强度则应适度控制，避免过度运动带来的负面影响。通常，运动强度可以通过心率、运动感知、最大力量等指标来量化评估。科学的运动强度可以使大学生在保持运动效果的同时，避免运动损伤。

3. 运动频率和时间

大学生的时间安排往往较为紧张，因此，运动频率和时间的安排需要根据学业负担和课外活动进行合理调配。通常来说，每周进行 3~5 次的有氧运动，每次持续 30 分钟至 1 小时，是普遍推荐的运动量。对于一些有健身需求的大学生，可以根据个人目标（如增肌、减脂等）调整运动频率和时间，确保运动的持续性和科学性。

4. 其他内容

运动处方的内容还应包括个体的身体状况评估、健康目标设定、运动过程中的注意事项等。通过对大学生的身体成分、体能测试等方面进行评估，可以进一步确定运动处方的个性化方向，并设定合适的运动目标，如提高心肺功能、增加肌肉力量、减轻体重等。同时，运动过程中应注意防范运动损伤，选择合适的运动装备，掌握正确的运动姿势，以避免因运动方式不当带来的健康隐患。

（二）大学生运动处方的制定

大学生制定运动处方是一件非常复杂的事情，最有效率的运动处方必须结合大学生的运动目的、运动强度、运动种类以及运动密度等实际情况来制定，而良好的程序与方法是所必须依靠和遵循的。

1. 健康调查与评价

为了确保运动处方的科学性与个性化，大学生首先需要进行健康调查与评价。通过对大学生的身体状况、生活习惯、运动经验等多方面的评估，制定出合适的运动方案，这一过程通常由专业的健康管理人员或体育教师来进行，采用问卷调查、身体检查以及运动能力测试等多种手段，全面了解大学生的健康基础。

身体健康状况：例如体脂率、心肺功能、关节灵活性等，了解大学生是否有潜在的健康风险。

运动历史与经验：了解大学生之前是否有规律的运动习惯，以及参与运动的种类和强度。

个人需求与目标：通过与大学生的沟通，明确其运动目标，是提高身体素质、减肥塑形、增强耐力，还是为了特定的竞技目标。

健康调查与评价为运动处方的制定提供了必要的基础数据，确保后续的运动强度、频率与时间安排能更好地符合大学生的个体需求。

2. 运动试验

在健康调查与评价的基础上，大学生需要进行运动试验，以进一步了解其运动能力与适应性。运动试验的目的在于通过实际的运动表现来评估大学生的身体素质与运动反应，帮助运动处方制定者确定合适的运动强度和类型。

运动试验通常由专业的体育教师或运动康复专家进行，试验内容包括心肺功能测试、力量测试、柔韧性测试、爆发力测试等。具体测试项目可以根据大学生的运动目标和身体条件进行选择。例如，针对有减脂需求的大学生，可以进行有氧耐力测试；对于有提高肌肉力量需求的大学生，则可以进行力量测试和高强度间歇训练试验。

通过运动试验，运动处方制定者可以获取大学生在运动中的实际表现数据，为后续的运动处方设计提供客观依据。

3. 体质测试

体质测试是制定运动处方的重要环节，旨在评估大学生的身体健康水平和体能状态。体质测试的核心内容通常包括身高、体重、体脂率、肌肉量、心率、血压、肺活量等生理指标的测量。

体质测试由专业的健康管理人员进行，测试过程中要使用专业的仪器设备，例如体脂测量仪、心电图机、肺活量计等，确保测试数据的准确性和可靠性。测试结果将为运动处方提供个性化的指导依据，例如，体重偏重或肥胖的大学生，可能需要更多的有氧运动来帮助减脂，而力量和体能较弱的大学生可能需要增加力量训练以提升肌肉力量和体能。

体质测试不仅能反映大学生的身体健康状态，还能帮助制定者制定更加科学、合理的运动处方，确保运动处方能够针对性地解决大学生的体质问题。

4.制定运动处方

在完成健康调查、运动试验和体质测试后,进入运动处方的最终关键环节——制定。运动处方是根据大学生的个体需求、身体条件和运动目标量身定制的运动处方。

在制定过程中,运动处方制定者需要综合考虑大学生的年龄、性别、运动基础、身体健康状况、生活习惯以及运动目标等因素。运动处方的内容通常包括运动类型、运动强度、运动频率和运动时间等方面的具体安排。例如,对于初学者,可以建议低强度的有氧运动,如快走、游泳等;对于体能较好且有提高肌肉力量需求的大学生,可以制定高强度的力量训练计划,如深蹲、俯卧撑、硬拉等练习。

此外,运动处方还需要根据大学生的反馈进行调整和优化。例如,如果大学生在运动过程中感到不适,或是目标未能实现,制定者需要及时调整运动处方,保证运动处方的科学性和实用性。

制定好的运动处方将成为大学生日常运动的指导方案,确保他们能够在安全和有效的运动环境下,实现健康和体能的提升。

(三)大学生运动处方的制定原则

1.差异性

在制定面向大学生的个性化运动处方时,我们必须充分考虑学生个体之间存在的差异性,并据此实施差异化的制定策略。这种精细化制定方式的核心在于,它能够精准地匹配每位学生的身体状况、运动能力及个人偏好,从而最大限度地发挥运动处方的效果,并有效规避因运动强度不当(无论是过度运动还是运动不足)可能引发的身体伤害风险。

我们在制定运动处方时,应首先对学生的身体状况进行全面评估,包括但不限于体能水平、健康状况、运动经历等因素。基于这些评估结果,我们可以为每位学生量身定制一套既符合其当前身体状况,又能逐步提升运动能力的个性化运动处方。这样的处方不仅能够确保学生在运动过程中获得最佳的锻炼效果,还能有效预防因运动不当而引发的身体损伤。

在实施个性化运动处方的过程中,我们还应注重对学生的运动情况进行持续跟踪与评估。通过定期收集学生的运动数据、反馈意见及身体状况变化等信息,我们可以及时调整运动处方,确保其始终与学生的实际需求保持高度契合。这种动态调整的过程,不仅能够进一步提升运动处方的有效性,还能增强学生对运动处方的接受度与参与度。

2.周期性

运动处方并非固定不变,而是需要根据学生体质状况的变动及运动适应能力的增强或减弱进行适时且周期性的调整与优化。随着学生体能素质的提升或下滑,原先设计的运动处方可能已无法精准满足其当前的锻炼需求。因此,为确保运动处方的有效性与针对性,我们必须进行动态管理。

在监测学生体能素质动态变化的同时,还需综合考量季节周期与学期阶段的双重影响。季节的变化会显著影响学生的运动意愿、身体机能状态及外界环境条件,而学期进程的阶段性特征直接关联学生学业负荷与生活作息规律的变化。因此,在制定与调整运动处方时,我们必须充分考虑这些因素,以确保学生在整个学年的运动处方能够始终与其健康需求、学业进度及生活节奏保持高度一致。

我们还应鼓励学生积极参与运动处方的制定与调整,倾听他们的声音了解他们的需求,以提升运动处方的接受度与执行力。通过构建一种以学生为中心、兼顾个体差异与全面需求的运动处方制定与调整机制,我们可以更好地促进学生的健康成长与全面发展。

运动处方的制定与调整是一个动态且复杂的过程,必须充分考虑学生体质状况、运动适应能力、季节变化、学期进度等多重因素,以确保运动处方能够始终与学生的健康需求及生活节奏相匹配。

3.目标性

运动处方的核心目标是帮助学生通过合理的运动方式增强体力,改善心肺功能、肌肉力量。应根据学生的体力状况与需求,选择适宜的运动项目和强度,确保体力得到有效的锻炼与提升,同时避免过度训练造成身体负担。运动处方需要因人而异,结合每个学生的具体身体条件,确保体力提升成为整个运动计划的重点。

4.持续性和渐进性

在制定运动处方时,我们不仅要着眼于学生的即时成效,更要将长远的健康管理与运动习惯的培养纳入考量范畴。因此,所设计的运动处方须具备持续性与稳定性,旨在激励学生逐步建立起规律性的运动习惯。在此进程中,运动强度的设定应遵循渐进性原则,即运动负荷应循序渐进地增加,从而有效规避因运动量骤增而可能引发的伤害风险或不适感。

通过持之以恒地参与适量且适度的运动,学生能够在体能上实现稳步提升,进而增强体质，为构建可持续的健康生活方式奠定坚实基础。在此过程中，运动处方的持续优化与调整同样至关重要。我们应依据学生的运动表现、身体反馈及发展状况，对运动处方进行动态管理，以确保其始终与学生的实际需求保持高度契合。

运动处方的更新与调整应基于对学生运动能力、健康状况及运动偏好的全面评估，以制定出既符合当前体能水平，又能有效促进未来发展的个性化运动处方。

制定运动处方时，我们需兼顾学生的短期成效与长远发展，确保运动处方具备持续性与稳定性，并遵循渐进性原则。通过长期坚持适量运动，结合动态管理与个性化调整，我们能够帮助学生稳步增强体质，培养规律运动习惯，最终促进其形成可持续的健康生活方式。

5.安全性和有效性

在制定个性化运动处方时，我们务必坚守安全底线，确保运动过程中的每一步骤都不会对学生的身体健康构成任何潜在威胁。针对学生的健康状况、体能基础及年龄特征，我们需对运动强度、频率及持续时间进行科学而细致的调控，从而有效防止因运动过量而引发的运动损伤或身体不适。

个性化运动处方还需在有效性方面设定合理的边界，既要确保运动能够达到预期的锻炼效果，又要避免因运动强度过低或过高而削弱运动的实际意义与价值。具体而言，运动强度的设定应既能激发学生的运动潜能，又不至于超出其身体承受范围；运动频率与持续时间的安排需兼顾学生的日常生活与学习节奏，以确保其能够持之以恒地参与运动。

因此，在制定个性化运动处方时，我们应将安全性与有效性作为核心考量点，力求在保障学生运动安全的同时，也能确保其通过运动获得持久且显著的健康益处。通过精心规划与科学调整，我们可以为学生打造出一个既安全又高效的个性化运动处方，助力他们在享受运动乐趣的同时，也能在身心健康方面取得长足的进步。

第三节　大学生科学锻炼与素质发展方向

一、大学生科学锻炼与力量素质发展

（一）力量素质的训练方向

1. 肩部力量训练

胸前推举动作的主要目的在于锻炼并增强三角肌的前侧与外侧部分，同时对于斜方肌、前锯肌以及肱三头肌的力量提高具有显著的促进作用。在进行练习时，练习者需双手紧握杠铃，通过流畅的动作将杠铃从起始位置翻起至胸部前方。紧接着，利用上肢力量迅速将杠铃向上推举，直至其越过头顶达到最高点。随后，练习者需控制力量，使手臂弯曲，将杠铃缓缓放低至胸部位置，为下一次推举做好准备。这一上推与下放的过程需反复进行，通过持续的练习，以达到锻炼并提升相关肌肉力量的目的。

颈后推举动作的作用基本与胸前推举一致。练习时，练习者要背部挺直，打开肩膀正手握住杠铃缓慢举起。然后将杠铃滑到颈后肩上，再将手臂伸直推举杠铃，重复这个过程。可以在锻炼时站立或坐着，也可以使用宽握或窄握。

两臂前上举动作的核心目标在于锻炼并增强三角肌侧部的肌肉力量。在练习此动作时，练习者需双手紧握杠铃，且两手间距应与肩宽保持一致。随后，通过发力将杠铃自起始位置平稳上提，直至其被高举至头顶上方。在此过程中，肘关节需自然外展，同时确保杠铃始终维持在距离脸部30厘米的安全距离内，以避免潜在的运动伤害。随后，通过直臂的方式将杠铃自起始位置向上举起，直至达到最高点。此外，为了迎合多样化的训练需求，我们还可以通过采用杠铃片或是哑铃这类器械来执行该动作，以此实现不同的锻炼效果。这种灵活的训练方式，不仅丰富了训练的形式，也为满足不同训练层次与目标的个体提供了可能。

快推动作主要锻炼三角肌与斜方肌的肌肉力量。练习时，练习者首先需要将双脚以适当宽度分开站立，以确保整个身体维持在一个稳固的状态。接着，双手各自握紧

哑铃，并将它们放置在肩膀的高度位置。随后，通过采取两手轮流或同步迅速地将哑铃向头顶方向推举的方式，练习者可以有效地锻炼并增强相关肌肉群的力量。这一训练过程不仅要求练习者具备良好的身体协调性，同时也强调了对肌肉力量的精准控制与应用。这一动作有助于提高上肢肌肉的爆发力与反应速度。此外，该动作也可通过仰卧姿势进行练习，以进一步增加锻炼的难度与效果。快推动作有助于提高肩关节的稳定性与运动能力。

2. 臂部力量训练

（1）上臂力量训练

颈后臂屈伸动作的核心目的在于锻炼并增强肱三头肌的肌肉力量。在练习此动作时，练习者需保持身体直立状态，两臂上举并双手反握杠铃（当然，也可选择正握方式，但通常而言，反握相较于正握能更有效地刺激目标肌肉）。握距应与肩宽保持一致，以确保动作的规范性和安全性。随后，练习者需进行颈后臂屈伸的动作，通过手臂的屈伸来锻炼肱三头肌。两肘需自然外展，随后两臂用力前伸，直至两臂完全伸直。这一动作有助于全面提升肱三头肌上部和外侧部的肌肉力量。

弯举动作主要锻炼肱二头肌、肱肌以及肱桡肌等肌肉群的力量。此外，该动作既可坐着练习，也可使用哑铃等器械进行练习，以适应不同训练需求。

双臂屈伸动作是综合性的力量训练，主要发展肱三头肌、胸大肌以及背阔肌的肌肉力量。在练习此动作时，练习者可选择不负重或脚上挂重物等方式增加训练难度。同时，为了进一步增强训练成效，我们还可以采取诸如绑缚沙护腿、身着沙衣等多种辅助手段。在双杠练习过程中，若选择间距相对较窄的器械，练习者则需要执行双臂屈伸这一特定动作。该动作的核心在于，通过手臂肌肉群的反复屈伸运动，来针对性地锻炼并强化目标肌肉群的力量与耐力。这一动作不仅有助于提升肌肉力量，还能增强身体的协调性和稳定性。

（2）前臂力量训练

前臂力量训练通常采纳低组数（3~5组）与高次数（超过16次）的训练模式，并在各组之间设置极短的间歇时间，以确保训练效果的最大化。

腕屈伸练习的核心目的在于强化手腕及前臂的屈肌群与伸肌群的力量。在练习时，练习者需保持身体直立状态，双手可采用正握或反握的方式紧握杠铃。为了固定前臂，可将其放置在膝盖上或凳子上。随后，通过手腕的屈伸动作，将杠铃提升至最高点，并在该位置稍作停留,以充分感受肌肉的收缩。之后,再缓慢地将杠铃还原至起始位置,完成一次完整的动作周期。

旋腕练习则是一种专注于提升前臂屈肌群与伸肌群力量的训练方式。在练习时,练习者同样需保持身体直立,两臂前平举,手握横杠,可采用正握或反握的方式。通过屈腕与伸腕的交替发力,练习者可以卷起杠铃,从而有效地锻炼前臂肌肉。这一练习不仅有助于提升前臂肌肉的力量,还能增强手腕的灵活性和稳定性。

3. 胸部力量训练

颈上卧推动作的核心目标在于强化胸大肌上部、肱三头肌以及三角肌的肌肉力量。在练习时,练习者需仰卧于专业的卧推架上,根据个人训练需求,可选择宽握、中握或窄握三种不同的握距,双手握住杠铃或哑铃进行练习。起始动作是先将杠铃从架子上取下,手臂伸直,杠铃位于胸部正上方;然后,缓慢弯曲手臂,将杠铃下降到颈根部位置,同时确保两肘尽量向外展开;在杠铃接近颈部时稍作停顿感受胸大肌上部的拉伸,接着用力推起杠铃,回到起始位置。

斜板卧推动作时的主要目的在于强化并发展胸大肌的下部区域、肱三头肌以及三角肌等关键肌肉群的力量。这一动作通过调整角度与姿势,能够针对性地对上述肌肉群施加压力,从而有效提升其力量与耐力水平。在练习时,练习者需仰卧在倾斜角度适宜的练习板上,通过控制动作节奏,将杠铃从胸部正上方缓慢降低至胸部中央位置,同时保持肘部与身体呈 90 度角。

直臂侧下压训练动作的核心目的在于强化并塑造胸大肌与背阔肌的力量与形态。在实际练习过程中,练习者需先将双臂从身体两侧向上举起,双手各自紧握拉力器的一端,掌心向下。接着,通过胸大肌与背阔肌的紧密配合与协同发力,执行直臂向侧下方压下的动作。这一过程不仅要求练习者对肌肉力量有着精准的控制与运用,同时也极大地考验了身体协调性与稳定性。该动作需反复练习,以达到增强肌肉力量的目的。

宽撑双杠动作是一种综合性的力量训练方式。在练习时,练习者需降低下颌,弯曲背部,保持脚趾向前。双手宽握平行杠,目光注视脚趾方向。通过弯曲手臂降低身体重心,随后将双臂向两侧展开以支撑身体。在练习过程中,需尽量降低身体重心,以增加肌肉锻炼的强度。

俯卧撑是一种简单而有效的全身性力量训练动作,尤其适用于锻炼胸大肌、肱三头肌、三角肌以及前锯肌的力量。在练习时,练习者可在平坦的地板上进行俯卧撑动作,同时双臂分开与肩同宽双脚并拢脚尖支撑地面。通过弯曲手臂将躯干降低至最低点,再用双臂支撑身体回到起始位置。在伸展手臂时,需挤压肘部以增加锻炼效果。同时,保持身体上下伸直的状态,以确保动作的规范性和安全性。

4. 腹部力量训练

仰卧起坐:强化腹直肌与髂腰肌,仰卧于地面双足固定。双手抱头,屈体起坐,反复练习。

半仰卧起坐:专注锻炼腹直肌上。仰卧于地面双手握哑铃于脑后,屈膝。通过腹部发力,上滚身体至肩胛骨离开地面,保持下背和臀部不离地,间歇呼气暂停,可增重训练。

蛙式仰卧起坐:锻炼腹直肌。仰卧于垫上,双膝分开双脚并拢,双手置头后。通过腹部发力,抬头并紧腹,短暂停顿后复原。

仰卧举腿:发展腹直肌与髂腰肌。仰卧于斜板上,手握板侧固定身体,双腿伸直或稍屈。通过腹部发力,将双腿上举至与地面垂直。

仰卧侧提腿:增强腹内外斜肌。仰卧于垫上,双手置于身体两侧。通过腹部发力,侧提膝盖碰对侧肘部,左右交替。

屈膝举腿:针对腹直肌下部。仰卧于垫上,双手置于臀部下方,双脚踝交叉。通过腹部发力,朝胸部方向举腿至膝盖接近胸部,反复操作。

举腿绕环:锻炼腹直肌及内外斜肌。背靠肋木悬垂,双手握住横杆,双腿并拢。通过腹部发力,双腿进行顺时针或逆时针绕环,反复操作。

5. 腰部力量训练

山羊挺身:强化躯干与髋伸肌群。俯卧在山羊挺身器械(或模拟装置)上,双脚固定于肋下,双手交叉抱胸或握住杠铃置于颈后。通过下背部发力,抬起上半身与地面平行。

负重弓身:发展骶棘肌等后链肌群力量。杠铃置于颈后,双脚与肩同宽站直,伸展腰腿,身体缓慢向前倾,臀部向后移动,直至上半身接近地面平行,再挺直身体,做动作时,腿可直可弓。

负重体侧屈:增强后链肌群。身体直立,双脚与肩同宽,杠铃置于肩上,左右侧屈,动作速度适中,反复练习。

俯卧两头起：锻炼躯干与髋伸肌群。俯卧于垫子或凳子上，双臂前伸双腿并拢，同步抬起上半身和双腿，使身体呈弓形。

6. 背部力量训练

俯立划船：俯立划船是一项有效锻炼背阔肌上、中部以及斜方肌、三角肌的训练动作。练习时，双脚站立与肩同宽，上半身前倾约90度，保持腰背挺直，双眼平视前方。双手正握杠铃，手臂自然下垂，从垂直位置开始发力，屈肘将杠铃拉向小腹部位，同时收紧肩胛骨。顶峰收缩后稍作停留，随后缓慢还原至初始状态。整个过程中要避免耸肩或借助惯性摆动，以确保背部肌群充分受力。

俯卧上拉：俯卧上拉主要针对背阔肌、斜方肌和三角肌力量的提升。练习时，身体俯卧在练习凳上，使胸部贴紧凳面，双臂悬空持杠铃，掌心朝下。动作开始时，双臂同时向上提起杠铃，注意保持肘关节微曲，避免完全伸直。杠铃上提至最高点时稍作停顿，感受背部肌群的收缩，然后缓慢放下还原，重复进行。此动作能够有效激活背部肌肉，同时减少脊柱压力，适合作为辅助训练。

直腿硬拉：直腿硬拉是一项综合性较强的训练，能够有效锻炼背阔肌、斜方肌、臀大肌、股二头肌、半腱肌、半膜肌以及大收肌等伸展躯干和髋伸肌群。训练时，双脚站立与肩同宽，双腿保持伸直或微屈，腰背挺直，双手握住杠铃（可选择宽握或窄握）。动作开始时，上半身前屈，杠铃沿腿部向下滑动，保持核心收紧，避免弓背。随后，通过臀部发力，将身体恢复至站立姿势，并充分收紧臀部与背部肌群。建议初学者使用较轻的重量，逐步增加负荷，以确保动作规范。

颈后宽握引体向上：颈后宽握引体向上是锻炼背阔肌、斜方肌、冈下肌、小圆肌、大圆肌及肱肌的经典动作。训练时，双手采用宽握距正握（手心朝前）抓住单杠，身体悬空。发力时，通过收紧肩胛骨和背部肌肉，将身体向上拉起，直到颈背部高过单杠，随后缓慢下放至完全伸展。整个过程应保持身体稳定，避免借助腿部摆动或惯性完成动作，以确保训练效果。

直臂前下压：直臂前下压主要用于强化背阔肌、三角肌后束以及胸大肌的力量。训练时，站立拉力器前，双手正握拉力绳或杠柄，手臂自然伸直举至前上方。动作开始后，利用背部肌肉发力，将拉力器向下压至大腿前方，同时保持手臂伸直。达到最低点后稍作停顿，再缓慢恢复至初始位置。该动作可以有效激活背部肌肉，同时避免肘关节过度负担，是提升背部力量的重要训练方式。

7.腿部力量训练

颈后深蹲：颈后深蹲是一项经典的复合训练动作，能够有效锻炼股四头肌、股二头肌、臀大肌，同时还能增强髋部肌群的力量。在进行颈后深蹲时，首先双脚与肩同宽站立，双手正握杠铃，将杠铃稳固地放置在颈后斜方肌上。保持上体正直，挺胸收腹，抬头目视前方，腰背始终保持挺直。下蹲时，以髋部主导动作，缓慢屈膝，使大腿逐渐接近水平位置，注意控制重心稳定，不要前倾或弓背。随后，利用腿部发力，将身体推起至站立姿势，重复动作。在整个过程中，应避免膝盖内扣，保持膝盖与脚尖方向一致，以减少膝关节压力，提高训练安全性。

胸前深蹲：胸前深蹲与颈后深蹲的作用基本相同，但由于杠铃置于身体前侧，放在锁骨与肩膀上方，因此对躯干的稳定性要求更高，能够更有效地锻炼伸膝肌群及核心肌群。在训练时，双手采用交叉握或正握方式支撑杠铃，上体保持正直，核心收紧。下蹲时，应保持杠铃重心稳定，避免前倾或塌腰，使膝盖朝向脚尖方向移动。由于杠铃位置的变化，胸前深蹲比颈后深蹲对下背部的压力更小，但对核心稳定性提出了更高要求，因此适合想要强化核心控制能力的训练者。

半蹲：半蹲主要针对伸膝肌群力量和下肢支撑能力，尤其对股四头肌外侧、内侧肌群、股后肌群和小腿三头肌的强化作用显著。训练时，双脚站立与肩同宽，杠铃置于颈后肩上，身体保持正直，挺胸收腹，双眼目视前方。下蹲时，屈膝至大腿略低于水平位置，但不完全蹲下，随后立即伸腿起立。由于半蹲的动作幅度较小，相比全蹲能承受更大的负荷，因此适用于提高肌肉力量和爆发力的训练。

半静蹲：半静蹲是一种静态抗阻训练，主要用于增强伸膝肌群和躯干的支撑能力。训练时，可以选择颈后持铃或胸前持铃的方式，缓慢屈膝下蹲至大腿接近水平位置，并保持这一姿势不动，维持6~12秒，以增强腿部耐力和稳定性。此外，也可通过对抗不动物体（如墙壁或器械）进行静态对抗训练，提高腿部肌肉的等长收缩能力。为了增加训练效果，可以调整不同的下蹲角度，以刺激不同部位的肌群。

腿举：腿举是一项针对股四头肌、臀大肌、股二头肌、半腱肌、半膜肌、大收肌、小腿三头肌及屈足肌群的综合训练动作。练习时，仰卧于腿举机上，双脚踩住训练踏板，调整脚间距（可以双脚靠拢或分开）以刺激不同部位的肌群。训练时，根据自身能力选择适当的重量，屈膝控制下放负重，使大腿接近90度，然后用腿部发力向上蹬起负重，避免锁死膝关节。在训练过程中，可以采用不同的速度（快、中、慢）进行，以提高肌肉的耐力、力量和爆发力。

8.全身力量训练

窄距上拉：着重锻炼骶棘肌、斜方肌、前锯肌、臀大肌、股二头肌、半腱肌、半膜肌、大收肌、股四头肌、三角肌、肱肌、小腿三头肌和屈足肌群的力量。练习者需站立，双脚间距与肩相齐，双臂自然下垂，宽度亦与肩等宽。在接近单杠的位置，进行深蹲动作，并在杠铃提升至大腿与小腿中段时，胸部与腰部需维持稳定。接着，全身力量瞬间迸发，臀部收紧，双腿挺直，脚后跟用力蹬地，同时手肘上抬，形成一股强大的上升力量。

高抓动作：旨在提升伸膝、伸髋、躯干伸展及肩带肌群的力量，并有效激发爆发力。其技术构成包含四个关键阶段：准备阶段、提铃阶段、发力阶段以及蹲下支撑阶段。在准备完毕后，练习者需将杠铃举起，拉至与肩同宽的位置。随后，进入半蹲支撑状态，为发力阶段做准备。在发力瞬间，肘部向上顶起，带动杠铃克服惯性，腿部则顺势发力，身体在单杠与头顶之间下降时，形成稳定的支撑结构。

箭步抓动作：箭步抓动作与高抓动作相似，旨在有效提升爆发力。其预备姿势、提铃阶段以及发力阶段的动作要领与高抓的宽拉动作一致。然而，在发力即将达到顶峰时，练习者需迅速作出前后箭步分腿的动作，与此同时，将杠铃提拉过头顶，双臂伸直，进行锁肩支撑。这一动作不仅考验了练习者的力量与爆发力，还对其协调性与灵活性提出了更高要求。

（二）力量素质的训练方法

力量素质是大学生身体素质的重要组成部分，对提高运动表现、增强体能、预防运动损伤及促进身体健康具有重要意义。良好的肌肉力量不仅能够提升运动能力，还能在日常生活中提供充足的能量支持，提高身体的协调性与稳定性。此外，力量素质训练还能促进骨骼健康，增强关节稳定性，提高基础代谢率，有助于控制体脂率，塑造健康体态。在大学生的体育训练和日常锻炼中，力量素质训练应当遵循科学性、循序渐进性和多样化的原则，以确保训练的有效性和安全性，同时提升训练的趣味性和可持续性。

1.自身体重训练法

自身体重训练是大学生进行力量训练的基础方法，因安全性高、易操作、无须器械等特点，特别适用于初学者。自身体重训练方法能够提高肌肉耐力和力量，同时降低运动损伤风险。常见的训练动作如下。

俯卧撑：增强上肢力量和核心稳定性，可通过窄距俯卧撑、钻石俯卧撑等变式提高训练效果。

引体向上：增强背部和手臂肌肉，可进行辅助弹力带训练以降低难度。

深蹲：增强腿部和臀部肌肉，提高下肢力量，可尝试单腿深蹲（保加利亚深蹲）以增加挑战。

弓步蹲：强化腿部肌肉，同时提高身体的稳定性和平衡性。

仰卧起坐：锻炼腹部核心肌群，提高核心力量，促进身体稳定性。

平板支撑：增强核心肌肉耐力，提高整体身体控制能力，可尝试侧平板支撑或动态平板支撑等变化形式。

进行自身体重训练时可采用不同的组数和重复次数。例如，初学者可以进行3组，每组10~15次，逐步增加训练难度和训练量。

2. 器械训练法

器械训练法是大学生提升力量素质的重要手段，适用于已经具备一定训练基础的学生，这种方法主要依靠杠铃、哑铃、壶铃、弹力带等器械进行负重训练，有助于提高肌肉力量、增强爆发力，并能够更精准地刺激特定肌群。常见的器械训练动作如下。

杠铃深蹲：增强腿部和核心肌肉，提高整体力量，增强爆发力。

卧推：主要锻炼胸大肌、肱三头肌和三角肌前束，提高上肢推力。

硬拉：强化下背部、臀部、腿部和核心肌群，提高整体力量和稳定性。

哑铃弯举：增强肱二头肌，提高手臂力量。

肩推：强化肩部肌肉，提高上肢推力，对提高投掷类运动能力有帮助。

壶铃摆动：锻炼核心肌群，提升心肺功能，提高全身协调能力。

大学生在进行器械训练时，应根据个人能力调整重量，确保肌肉得到充分刺激，同时避免因负荷过大导致运动损伤。大学生在使用器械训练时应特别注意动作的规范性，避免因姿势错误导致运动损伤。在初期训练时，可以借助镜子或请教教师进行动作指导，以确保训练的安全性和有效性。

二、大学生科学锻炼与速度素质发展

（一）速度素质的训练内容

原地高抬腿速跑：站立平地，双腿快速交替高抬 10~30 秒，重心高、频率快，双臂协调摆动，追求极致速度，提高动作与移动速度。

速蹲速起：全蹲待命，闻信号即速起，提高反应与动作速度。

仰卧速起：仰卧草地或垫上，信号响后双手撑地速起，动作迅速连贯，提高反应与动作速度。

俯卧"两头起"：俯卧草地或垫上，信号响后臂腿上扬，速成"两头起"，提高动作速度与腹肌力量。

仰卧速体前屈：仰卧草地或垫上，信号响后上体速屈，臂前伸，胸近腿，速起，提高动作速度与腰腹肌力。

仰卧速抬腿：仰卧草地或垫上，信号响后速抬腿，每组 15~30 次，足尖勾，速动，提高移动与动作速度。

号码追击提高：两队相距 1~2 米，按奇数偶数分队，教练随机喊数，被喊者逃，另一队追，数可变，需全神贯注，训练反应与判断能力，提高反应与动作速度。

仰卧速起：仰卧，头平视，信号响后速蹲或跳起，速变俯卧为起立，提高反应与动作速度。

节奏跳跃训练：立于沙坑或草地上，按口令节奏末拍高跳，前掌着地，速蹬，提高动作速度与下肢爆发力。

转身速跑：前进中听口令转身 90 度、180 度、360 度，需迅速响应，提高反应与动作速度。

单臂支撑起跑：单臂支撑预备起跑，信号后转体 180 度速跑，控制方向与平衡，提高反应与动作速度。

变向速跑：前进中闻信号即变向，需快速响应，提高反应与动作速度。

（二）速度素质的训练方法

1. 反应速度训练

反应速度训练主要借助枪声、掌声、口令等声响信号，促使练习者迅速响应。

信号应答训练：针对多样信号执行反应动作，适宜短跑及初学者。

运动知觉反应强化训练：作为心理训练手段，通过提升时间感知力以增强反应力，适用于中长跑。

2.动作速度训练

（1）竞赛式训练法是一种在竞争情境下实施的开放式训练策略，旨在营造竞争氛围。在运用此法提升动作速度时，练习者的心理与情感反应独特，常展现出高昂情绪。此法能显著提升运动前的血糖与乳酸水平，优化身体机能，激发交感神经系统，延缓疲劳，助力高强度速度训练。此过程中，神经系统维持适度兴奋，促进兴奋与抑制神经过程的灵活转换。

（2）重复训练法是一种以提高最大速度为核心目标的训练方法。在移动速度训练中，运动员需展现出最大速度，并通过一系列强制性重复练习来实现这一目标，如快速轻杠铃推举、哑铃跳跃保持正确动作，以及短距离跑步与重物投掷的快速重掷等。此外，训练过程还需要注重变化训练程序，即在横移速度训练中适时调整速度与加速度，结合多样化比例与程序，以避免形成动态固定模式。通过不断变化最高速度指标与重复练习方式，运动员能够对速度变化保持高度敏感，从而培养出更优的移动速度能力。

（3）游戏式速度训练法通过采用游戏形式，旨在有效预防"速度障碍"的产生。该障碍源于速度训练中动作的反复固化，导致动作指标趋于稳定，进而形成动力定型。为防止这一现象，训练中需强调速度力量的培养，并引入多样化的训练手段，如游戏、球类活动等，以促进动作在空间与时间特征上的变化，从而打破速度障碍。

三、大学生科学锻炼与耐力素质发展

耐力素质是身体素质的重要组成部分，它是有机体长时间工作并与疲劳作斗争的能力，它是运动员身体素质的关键指标之一，任何运动都需要恒定的耐力水平。对于一些运动，如中长跑和竞走等田径技术水平通常取决于耐力水平的提高。

（一）耐力素质的训练内容

1.间歇变速跑训练：该训练方法要求练习者先以较快速度奔跑一段距离，随后通过慢跑或步行进行恢复。跑速、距离及恢复方式依训练目标灵活调整。其核心目的是提升专项耐力，要求快跑时心率达到170~180次/分，恢复阶段心率需降至约120次/分后方可继续下一组训练。

2. 长距离持续慢跑：练习者以较慢速度持续奔跑较长距离，旨在增强有氧耐力及能量供应能力。训练参数如速度、距离等，需根据个人目标定制，慢跑时心率应维持在 150 次 / 分左右。

3. 距离固定重复跑：通过多次重复固定距离的奔跑，提升专项耐力及一般耐力，同时增强无氧代谢能力。训练细节如速度、距离及重复次数等，需依据个人情况及训练目标进行调整，每次练习后需待心率恢复至 100~120 次 / 分后方可继续下一组训练。

4. 追逐跑训练法：在田径场或户外环境中，多人以中等至较快速度相互追逐，追逐距离及速度依训练目标设定。该方法旨在发展速度耐力及无氧、有氧代谢能力。训练时，要求追逐者保持 5~10 米的距离，慢跑恢复阶段心率不低于 100 次 / 分。

（二）耐力素质的训练方法

1. 间歇锻炼法对速度及短跑耐力的提升具有显著影响。其特点是在高强度训练后加入周期性休息，如慢跑、步行或放松练习。当心率恢复至 120~130 次 / 分时，可开始新一轮的训练。这种方法能够有效提升体能输出、心肌收缩力与心脏泵血功能；同时优化呼吸效率，特别是最大摄氧量。此方法适用于长跑或中长距离跑，能够强化有氧代谢及糖原耐力同时也适用于中距离跑及长时间训练的需求。

2. 持续负载训练法广泛应用于耐力运动，如划船、游泳、骑行、长跑等，通过变速训练提升速度。如先以慢速完成前 1/3 的训练内容，随后加速至中等强度，最后再以中等速度完成剩下的 1/3。训练强度可在 1~10 分钟内由高到低交替变化，最高心率约 180 次 / 分，恢复至 140 次 / 分后方可继续。此脉动强度变化对提升心脏功能与中枢神经系统功能尤为有效。

3. 重复锻炼法通过固定距离、相同时间及重量强度的功能反复训练，旨在提高无氧代谢耐力，尤其适用于短跑及中长跑选手。短距离赛跑可增强乳酸动力供应，长距离反复跑可提升负氧量。中距离赛事，如 800 米需更多氧气，500~1500 米重复训练可增强缺氧耐受性及乳酸积累。长跑训练负荷大，提升循环与呼吸系统机能。重复训练为赛前主要方法，根据运动员情况调整刺激量与强度，心率恢复至 100~120 次 / 分时继续。

4. 高原训练法通常在海拔 2000 米左右的高原地区进行，如青海多巴、云南昆明等地。高原的低氧环境能够有效增强运动员的有氧代谢能力，提升其在艰苦训练与比赛中的表现。高原训练增加了心血管与呼吸系统的负荷，提高了通气与呼吸效率，从而促进身体功能的改善。训练后，运动员的红细胞与血红蛋白数量增多，血液输氧能力增强，同时肌肉毛细血管扩张增厚，进一步改善肌肉能量代谢与有氧供能能力。

四、大学生科学锻炼与柔韧素质发展

（一）柔韧素质的训练内容

1. 肩部柔韧训练

（1）压肩

压肩方法一：站立时双腿分开与肩同宽，体前屈，两手扶住与髋同高的肋木或跳马。保持挺胸低头或抬头，进行身体上半部的上下振动。

压肩方法二：背对横马，仰卧在马上，他人站在后面扶住你的肩膀下压，保持肩背部靠近横马的末端。压肩的力度从轻到重逐渐增加。

压肩方法三：体前屈，双手交叉后面握住对方的手腕，翻腕并向上振动。保持两臂和两腿伸直，振动的幅度从小到大。

（2）拉肩

肋木拉肩：背对肋木站立，两臂上举，双手握住肋木。保持抬头挺胸，肩部放松，缓慢向前拉肩。逐渐增加拉伸的幅度，从小到大。

低山羊拉肩：面对低山羊进行手倒立，他人在前方帮助搬肩并进行拉肩。此时双手要尽量靠近山羊，随着训练逐步增加动作的幅度。

（3）吊肩

肋木、单杠、吊环反吊悬垂。练习者先通过肋木、单杠或吊环进行反吊悬垂练习。开始时可以静止不动，逐渐加入摆动动作，让肩部放松并进行拉伸。

（4）转肩

单杠或吊环转肩：从单杠或吊环悬垂开始，收腹举腿，两腿从双臂之间穿过，落下后悬垂，随即恢复正悬垂。后悬垂时要沉肩并放松，直到肩部达到极限位置。

体操棍转肩：用体操棍、竹竿、绳子或橡皮带进行转肩练习。随着灵活性提升，逐渐缩小双手之间的握距。需要注意两臂同时转动，避免先后不一致。结合主动与被动转肩练习，有助于增强肩部的灵活性和控制能力。

2.胸部柔韧训练

（1）仰卧背屈伸

独立操作：仰卧在地面或垫子上，双腿自然伸直，双臂平放在身体两侧。通过腹部发力，主动抬起上半身，同时挺胸向上，注意保持背部尽量挺直，不要弯曲。

辅助操作：如果需要帮助，可以请他人帮助压住腿部，这样你只需要抬起上半身。在这个过程中，要保持胸部挺起，感受胸部肌肉的拉伸。练习时可以先从较轻的幅度开始，逐步增加伸展的范围。

（2）虎伸腰

操作步骤：跪立在地面上，双膝与肩同宽，双手伸直放在地面上，手臂与肩部平行。让胸部缓慢向下压，尽量让胸部向地面靠近。保持双臂伸直，主动伸展上身，感受胸部和肩膀的拉伸。此时要挺胸、伸展腰部，避免过度弯曲腰部。

动作要领：练习时要保持动作的平稳，逐步增加胸部向下的压力，但要避免过度拉伸导致不适。可以先从较小的拉伸开始，慢慢提高力度。

3.腰部柔韧训练

（1）甩腰

操作步骤：站立时双腿自然分开，保持与肩同宽，双手自然垂放在身体两侧。开始时轻轻向前弯腰，然后逐渐向后弯腰，进行前后摆动。

动作要领：保持腰部放松，逐渐增加摆动的幅度，确保背部和腹部肌肉得到充分的拉伸。动作过程中可以先从小幅度开始，随着柔韧性提高，逐步增加动作的范围和强度。

（2）仰卧成桥

操作步骤：仰卧在地面或垫子上，双腿屈膝，双脚平放在地面，保持双臂放在身体两侧。然后，双手反掌并支撑在肩后，顶起胸部，尽量使上半身挺起，同时保持两臂伸直。

动作要领：拉开肩部，尽量让身体形成一座桥的形状。最初可以请他人帮助，逐步过渡到独立完成这个动作。随着训练进展，可以逐步缩小手脚之间的距离，增加动作的难度。

（3）体前屈

腿伸直体前屈：双腿伸直并拢，体前屈时两臂从两腿后抱拢，静止不动，保持一段时间。要求胸部尽量贴近大腿，保持腰部放松，避免弯曲过度。

坐垫子上体前屈：坐在垫子上，双腿伸直，他人可以帮助扶住背部下压，增加拉伸的深度。为了增加难度，可以将双腿抬高，进一步加大拉伸幅度。

分腿站立体前屈：双腿分开站立，体前屈时，上体在两腿之间继续摆动，肘关节甚至头部应尽量向后伸展。

坐垫钻入下压：练习者坐在垫子上，将双腿分别放在30~40厘米高的长凳上，然后将头部钻入长凳下方，他人帮助按住背部进行下压，增强拉伸效果。

肋木辅助体前屈：练习者坐在垫子上，臀部与肋木之间垫一个实心球，双臂向上伸直握住肋木，他人站在练习者背后，进行背部按压，帮助增加拉伸效果。

4.腿部柔韧训练

腿部柔韧训练，主要发展腿部前、侧、后的各组肌群伸展和迅速收缩的能力，以及髋关节的灵活性。

（1）压腿。压腿分正压、侧压和后压三个方向，将腿放在一定高度进行练习。要求正压时髋正对腿部，侧压和后压将髋展开。

（2）开腿。开腿分正、侧、后三个方向，可由他人把腿举起，加助力按。要求肌肉放松，不要主动对抗用力。

（3）踢腿。踢腿可扶把踢，也可行进中踢。常用踢腿方法有正、侧、后踢腿。还可采用两腿分别向异侧45度方向踢出的十字踢腿。

（4）踹腿。踹腿要领同正踢腿。踢左腿时，左腿要向异侧45度方向踢起，并自右经前至左画一弧形，到左侧时用右手击打脚面，踢右腿时同上法，相反方向也可做。要求每次踢腿时，膝关节一定要伸直。

（5）控腿。控腿按舞蹈基本功姿势，腿在三个方向上举，并控制在一定高度上。包括以下三种方式：

前控腿：直腿抬起向前控腿；膝盖先抬起然后再伸直控腿。

侧控腿：上体正直，抬起的腿，髋关节必须展开，脚掌对准体侧，臀部不能向后突。

后控腿：上体正直，后举腿的髋关节不能外旋，脚掌向上。

5.踝关节和足背训练

通过加强踝关节和足背的灵活性与力量，可有效提升跳跃能力，这是因为在小腿肌群、比目鱼肌以及跟腱被充分拉伸后，肌肉在随后的收缩过程中将变得更加强劲。

（1）增强踝关节灵活性与力量。操作者支撑肋骨，将前脚脚掌置于椅子边缘，上下推动身体重量，在脚踝达到最高弯曲角度时稍作停顿，以充分拉长肌肉和肌腱。

（2）足背力量训练方法多样。练习者跪于垫上，利用自身体重缓慢向前压脚尖，以增强脚背的灵活性和承受力。练习者将脚趾抬起，使脚背悬空，然后主动向下压以增强力量。练习者坐于垫上，将适当重量物置于脚趾背部，通过脚背承压锻炼其力量。

（3）辅助性手腕协调练习。练习者可靠墙站立，通过重心前后移动，并利用左右手的手掌挤压对侧手指，以配合训练踝足动作的协调性与神经反应。

（二）柔韧素质的训练方法

1. 静态拉伸：缓慢拉伸肌肉至轻微不适（非疼痛）位置，保持1~30秒。重复2~4次。适用于训练后放松及日常柔韧维持。

2. 动态拉伸：通过可控的摆动或运动拉伸肌肉（如踢腿、甩腰），每组8~12次。适用于运动前热身，提升动态柔韧性和神经激活。

第七章 大学生体育健康的促进策略探讨

第一节 大学生体育与健康素养的提升

大学生体育与健康素养，意指在体育活动与健康管理两大维度中，大学生所应具备的综合能力与全面素质。在当代高等教育的语境下，体育与健康核心素养的培育工作，旨在引导大学生逐步构建起科学的运动模式、树立积极的健康理念、涵养良好的心理品质，并锻炼出色的社会交往能力，进而推动其实现全方位的发展、优化生活质量，并为未来职业生涯的顺利推进及社会适应能力的稳步提升奠定坚实的基础。

科学的运动习惯的培养，要求大学生在体育活动中遵循运动规律，合理安排运动强度、频率与时间，以实现身体机能的全面提升；积极的健康观念的树立，强调大学生应树立正确的健康意识，关注身心健康，学会科学预防疾病，培养健康的生活方式；良好的心理品质的涵养，旨在帮助大学生在面对压力与挑战时，能够保持稳定的心理状态，有效调节情绪，展现出坚韧不拔的精神风貌；出色的社会交往能力的锻炼，则鼓励大学生在体育活动中积极与他人互动，增进友谊，提升团队协作能力，为未来社会生活中的交流与合作打下坚实的基础。

大学生体育与健康素养的培育，不仅关乎大学生个人的身心健康与全面发展，更对未来职业生涯的顺利推进及社会适应能力的稳步提升具有深远的影响。因此，高等教育机构应高度重视体育与健康核心素养的培育工作，通过科学规划、精心组织，为大学生提供丰富多彩的体育活动与健康管理服务，助力其实现全面发展。

一、融合体育与健康需求，全面提升健康意识需求

学生体育技能与健康意识的双重提升，是一个既需借助丰富多样的体育运动来加强体育技能锻炼，又需通过深化健康素养教育来驱动学生综合素养全面发展的过程。这一过程的终极目标，在于助力大学生实现自我主体的全面成长，推动其各项能力迈向更高层次。

体育活动的多元化开展，为学生提供了广阔的平台，使其能够在实践中不断磨砺与提升体育技能，增强身体素质。与此同时，健康素养的培育与提升侧重于引导学生树立科学的健康观念，掌握必要的健康知识，形成良好的生活习惯，从而为学生的身心健康与全面发展奠定坚实的基础。

在追求体育与健康素养双重提升的过程中，我们始终秉持以学生为本的教育理念，致力于激发学生的内在潜能，培养其自我管理与自我发展的能力。通过体育技能的锤炼与健康素养的积淀，大学生将能够更好地应对未来的挑战，实现个人价值与社会价值的双重提升。

自我认知能力的培养在这一过程中扮演着举足轻重的角色。它不仅是驱动大学生个体成长的核心动力，也是激励学生主动探索并优化生活方式的内在源泉。自我认知能力越强，大学生越能深刻地洞察到自身思维与行为的可塑造性，进而在参与各类活动时展现出更为显著的自主性与能动性。这种自主性与能动性的提升，促使大学生能够更加自觉地审视并调整自己的思想观念与行为模式，进而实现自我革新与创造。

自我认知能力的培养，使大学生能够清晰地认识到自身在思维层面与行为层面所具备的潜力与局限，从而激发其主动寻求改变、勇于探索未知领域的动力。在此过程中，大学生不仅能够更加自主地选择适合自己的发展路径，还能够更加积极地面对挑战、克服困难，不断实现自我超越。

自我认知能力的培养，对于促进大学生实现思想观念与行为方式的自我调整与创造具有至关重要的作用。它不仅能够为大学生的个体成长提供源源不断的动力支持，还能够为其在未来的社会生活中展现出更强的适应能力与创新能力奠定坚实的基础。

（一）加大体育活动开展力度

活动的效能对大学生的素养提升成果具有直接影响，实践深度、交互性及吸引力

是活动效能的核心要素。具体而言，体育活动的实践深度决定了大学生能否通过亲身参与获得实质性的经验与技能积累；活动的交互性关乎大学生在互动交流中能否有效碰撞思想、激发创新思维；而活动的吸引力是激发大学生参与热情、保持持续投入的关键因素。

因此，在未来的活动策划与实施中，我们不仅需要注重活动内容的丰富性与实用性，还需在活动的形式上加以创新，以提升其实践性、交互性及吸引力，从而更好地服务大学生的素养提升。

1. 深化活动内容的创新与设计

创新是增强体育活动效果的关键策略。为了更有效地激发学生的热情并提高活动的参与度，我们应积极引入更多与大学生日常生活紧密相关的体育项目。在体育活动设计的过程中，我们必须高度重视内容的深度与品质，紧密结合现代大学生的兴趣所在与实际需求，巧妙地将体育活动融入日常生活场景之中，从而让学生在亲身参与中深刻体会到体育与健康所蕴含的实用价值。

这种富有创新性的活动构思，不仅能够显著提升学生的体育技能水平，更能够点燃他们对健康生活方式的热情与向往。通过精心设计的活动环节，学生能够在轻松愉悦的氛围中，自然而然地接受体育文化的熏陶，逐步建立起对体育运动的热爱与坚持，进而将健康生活的理念内化于心、外化于行。

创新性的体育活动设计，不仅是提升体育活动效果的重要手段，更是引导大学生形成健康生活方式、促进其全面发展的重要途径。在未来的体育活动策划与实施中，我们应继续秉持创新精神，不断探索与尝试，以期达到更好的教育效果。

2. 强化体育活动的实践性与互动性

体育活动的独特吸引力，源自于其强调实践与互动的本质。为了更有效地促进学生间的相互交流与协作，我们可以通过策划一系列包含团队合作与竞争元素的项目，深化学生之间的互动与合作体验。这样的活动设计，不仅能够显著增强学生的团队协作能力，还能在实战演练中锤炼他们的实际操作技能。

通过引入需要集体智慧与共同努力才能完成的体育项目，学生能够在共同面对挑战、解决难题的过程中，深刻体会到团队协作的重要性与价值。与此同时，项目中的竞争元素还能激发学生的斗志与进取心，促使他们在追求胜利的过程中，不断提升自身的操作水平与实战能力。

体育活动中的实践与互动，不仅是其魅力的核心所在，更是培养学生团队协作精神和实际操作能力的有效途径。在未来的体育活动策划中，我们应继续注重这一方面的设计与创新，以期达到更好的教育效果。

3.加强体育活动的宣传与推广

活动的效能不仅彰显于参与历程中的实践价值，更体现在其广泛而深远的影响力上。利用校园广播、网络论坛、社交媒体等多种媒介平台，对体育活动进行大力推广与宣传，可以显著提升活动的知名度与吸引力，进而吸引更多学生群体对体育活动产生浓厚兴趣并踊跃参与。

通过校园媒体的播报与介绍，学生对即将开展的体育活动有了一个初步的认知与了解；社交平台上的互动与分享，则能够进一步激发学生的参与热情，形成口碑效应，吸引更多潜在参与者的目光。这种多维度的宣传策略，不仅拓宽了体育活动的受众范围，还增强了社会影响力，为活动的成功举办奠定了坚实的基础。

活动的效能并非仅仅局限于参与过程中的实践层面，其影响力的扩展同样至关重要。在未来的活动策划与组织中，我们应充分利用各种媒介资源，创新宣传方式，以期达到更好的活动效果与社会效益。

4.建立体育活动效果评估与反馈机制

活动效果的评估与反馈收集，是优化活动效能至关重要的一环。系统性地、定期地对活动的实施流程及最终结果进行细致评估，并广泛采集学生的反馈声音，有助于我们敏锐地洞察活动中潜在的不足之处，从而为后续活动的改良提供翔实的参考依据。这一持续性的优化流程，旨在确保活动的内容策划与表现形式能够紧密贴合学生的实际需求，进而大幅度提升活动的精准度与实际效果。

通过科学合理的评估框架，我们能够全面审视活动的每一个环节，从策划筹备到执行落实，再到收尾总结，每一步都力求精准无误。同时，积极收集并深入分析学生的反馈意见，无论是正面的认可还是负面的批评，都视为宝贵的改进资源。这些来自一线的真实声音，将作为我们调整活动策略、优化活动设计的重要依据。

活动效果的评估与反馈收集，不仅是对过往活动的总结与反思，更是对未来活动创新与提升的起点。通过这一持续性的优化机制，我们能够确保活动始终紧跟时代步伐，紧密贴合学生需求，从而不断提升活动的整体效能与影响力。

（二）提升体育技能

体育技能的增长是推动体育与健康领域深度融合发展的关键要素之一。为了切实增强大学生的体育技能水平，我们可以从以下几个方面入手。

优化体育课程设置，引入更多符合现代大学生兴趣与需求的体育项目，以激发学生的学习兴趣和参与度，从而为其体育技能的提升奠定坚实基础。

加强体育师资力量的建设，提升教师的教学能力与专业素养，确保学生能够接受高质量、高水平的体育教学指导，进而在体育技能上取得显著进步。

完善体育设施与器材的配备，为学生提供良好的体育锻炼环境，使其能够在安全、舒适的环境中尽情挥洒汗水，不断提升自身的体育技能。

组织丰富多彩的体育竞赛与活动，为学生提供展示自我、挑战自我的平台，激发其体育潜能，推动其体育技能向更高层次发展。

综上所述，为了有效地提升大学生的体育技能水平，我们需要从课程设置、师资力量、设施配备以及竞赛活动等多个方面入手，形成全方位、多角度的提升策略，以期达到最佳的体育教学效果。

（三）提升健康素养

健康素养的增进，是体育与健康发展目标深度融合的终极追求，同时也是促进大学生综合素质全面提升的关键一环。为了有效提升学生的健康素养，我们需要从多个层面切入，采取一系列具有针对性的具体举措。

在课程设置上，应增加与健康相关的课程内容，如健康教育、营养学等，以丰富学生的健康知识，增强健康意识。

在实践锻炼方面，应鼓励学生积极参与体育活动，通过体育锻炼来增强体质，提高身体机能，进而提升健康水平。

在心理健康层面，应重视学生的心理健康教育，通过开设心理辅导课程、提供心理咨询等方式，帮助学生建立正确的心理健康观念，掌握应对压力与挑战的有效方法。

在氛围营造方面，可以通过组织健康讲座、健康知识竞赛等活动，营造浓厚的健康氛围，激发学生的健康热情，进而推动其健康素养的全面提升。

综上所述，为了有效提升学生的健康素养，我们需要从课程设置、实践锻炼、心理健康以及健康氛围营造等多个层面入手，形成全方位的健康教育体系，以期达到最佳的健康教育效果。

二、协同多方主体,优化体育与健康实施方案

为了达成提升大学生体育与健康素养的宏伟目标,我们亟须汇聚个体、家庭、高校以及社会等多方力量的智慧,共同构建一套科学、系统的提升策略。从这四个维度出发,我们能够更有效地推动大学生体育与健康素养的全面提升。

个体层面,大学生应树立积极的健康观念,主动参与体育锻炼,不断提升自身的体育技能与健康素养。家庭层面,家长应发挥榜样作用,引导孩子形成健康的生活习惯,为其体育与健康素养的培养营造良好的家庭氛围。高校层面,学校应完善体育与健康课程体系,加强师资队伍建设,为学生提供丰富多样的体育与健康教育资源。社会层面,则应加大对体育与健康事业的投入,举办各类体育与健康活动,提高全社会的健康意识与参与度。

通过这四个方面的协同努力,我们不仅能够为大学生提供全方位的体育与健康素养提升支持,还能够促进体育与健康事业的可持续发展,为构建健康中国贡献智慧与力量。因此,我们必须高度重视这四个方面在提升大学生体育与健康素养中的重要作用,共同努力,以期实现最佳的教育效果。

(一)提升学生个体参与

为了点燃学生对体育活动的内在激情,学校应当致力于构建一个多元化的体育项目与活动体系,以满足不同学生群体的个性化兴趣与多样化需求。这一举措不仅能够激励学生积极主动地投身于体育锻炼之中,还能够让他们在各自钟爱的项目中深切感受到运动所带来的无尽乐趣,从而进一步激发他们的参与热情与内在动力。

在此过程中,学生自身也应扮演起积极主动的角色,勇于表达自己的体育与健康需求,清晰个人的兴趣所在与发展方向。唯有如此,学生才能在学校的体育活动中找到与自身成长相契合的切入点,从而在参与中实现自我价值的最大化。

通过学校提供多样化的体育活动与学生主动表达需求的双向互动,我们能够共同营造出一个充满活力与激情的体育氛围,让学生在其中不仅能够享受运动的快乐,更能够在自我探索与成长的道路上迈出坚实的步伐。

(二)推进家庭支持

家庭作为学生成长旅程中的首个教育阵地,家长所持有的态度及其提供的支持,对学生体育与健康素养的培育具有深远的影响。为了进一步强化家庭在促进学生体育

与健康素养提升中的积极作用，学校应当主动作为，积极搭建一个以大学生为主体，同时吸纳家长广泛参与的体育活动与交流平台。

在这一平台上，大学生不仅能够获得丰富的体育知识与技能，还能够在家长的陪伴与支持下，更加深入地体验到体育运动的乐趣与价值。同时，家长的参与也能够促进家校之间的沟通与协作，共同为学生的体育与健康素养的提升创造更加有利的条件。

通过构建这样一个平台，我们旨在实现家庭与学校之间的有效联动，共同为学生的全面发展贡献智慧与力量。相信在这一平台的助力下，学生的体育与健康素养将得到更加显著的提升。

（三）高校发挥核心作用

高校应当积极构建多元化的体育与健康活动平台，旨在助力学生全面提升体育与健康方面的核心能力与素养。通过精心规划与组织各类体育与健康课程及相关活动，学校能够有针对性地引导学生规避无效活动的干扰，帮助他们更加高效地分配注意力资源，并有效激发学生参与体育锻炼的积极意识。

在这一多元化的活动框架下，学生能够有机会亲身参与到各类丰富多彩的体育活动中，深入体验体育所带来的独特魅力。这样的参与过程，不仅能够显著增强学生对体育与健康的认同感，还能够促使他们在实践中不断积累经验，提升自我修养与整体素质。

高校通过构建多元化的体育与健康活动平台，合理规划相关课程与活动，能够为学生提供一个全面、高效的体育与健康素养提升路径，进而为他们的全面发展奠定坚实基础。

（四）社会提供关键保障

社会各界理应增强对体育与健康事业的扶持力度，致力于推进公共体育设施的建设与优化，为广大民众提供更多样化、更高质量的体育锻炼机遇与场所。对于大学生而言，积极参与社会实践，不仅能够深化他们对体育与健康领域的认知与理解，还能让他们在真实的社会情境中亲身体验并感悟体育活动的深远意义。

通过社会实践的锤炼，大学生能够更为直观地认识到体育与健康在个人成长与社会发展中的重要作用，进而激发他们更加积极地投身于体育活动中。同时，这一过程也是他们对体育活动参与能力与社会责任感的一次有力提升。大学生将在实践中不断积累经验，学会如何在团队中协作，如何在挑战中坚持不懈，这些都将为他们未来的全面发展奠定坚实基础。

社会各界的共同努力，以及大学生积极参与社会实践，是推动体育与健康事业发展的重要力量。通过这些举措，我们不仅能够为大众提供更多的体育锻炼机会，还能够培养出更多具备高度社会责任感与强大体育活动参与能力的新时代青年。

三、创新体育与健康情境，拓展多样化媒介

创新体育与健康情境，旨在通过优化和完善活动实施的各项条件，全面提升大学生的体育与健康素养，涉及高校体育与健康课堂的各个方面，包括课堂组织、氛围营造、课程设计、教学手段创新以及教学媒介的多样化等。通过这些创新举措，不仅能够提高课堂的吸引力和互动性，还能够促进学生体育与健康素养的全面提升。

（一）课堂组织方面

在传统的体育与健康课堂中，通常采用的是教师为主导的单一教学模式，课堂氛围较为单一，学生的参与感和积极性受到限制。因此，课堂组织方式的创新显得尤为重要。教师应探索更加多元化、灵活化的课堂组织形式，将小组讨论、小组竞赛、团队协作等活动形式融入课堂中。例如，学生可以在小组内进行体育技能的互评和实践，或者通过小组竞赛形式，激发学生的竞争意识和团队精神。此外，可以通过"共同作战"的形式，让学生在互相合作的过程中体验体育的乐趣，提升他们的自信心和集体荣誉感。通过这些创新的组织方式，教师能够吸引学生的注意力，调动学生的积极性，激发他们参与体育活动的热情。

（二）课堂氛围的营造方面

教师应当充分认识到，课堂氛围的轻松和愉悦能够有效提高学生的参与度和学习兴趣。教师可以通过设置生动有趣的开场活动，带领学生进入状态，调动他们的情绪。此外，教师还可以通过富有创意的教学方法和互动式活动，营造轻松愉快的课堂气氛，减少学生的心理压力，使其能够在没有压力的环境下，主动进行探索与尝试。通过营造有趣的课堂氛围，学生不仅能更好地掌握体育知识与技能，还能在课堂中感受到乐趣，增强他们的课堂获得感。同时，鼓励学生互相支持和帮助，增强团队合作精神，培养学生的社交能力和集体责任感。

（三）课程设计方面

课程设计是体育与健康课堂教学能否顺利进行的基础，合理的课程设计不仅能够

帮助教师高效传授知识，还能够提高学生的学习效果。教师需要根据课程内容的重点和难点，科学地安排课程时长，确保学生能够充分理解和掌握每一部分内容。对于难度较高的部分，教师可以适当增加讲解时间，确保学生能够理解其中的原理和技巧；而对于基础内容，可以通过简明扼要的讲解，节省学生的学习时间。课程设计还要注重循序渐进的学习步骤，帮助学生在掌握基础知识的同时，逐渐提高技能水平。教师应根据学生的学习情况和反馈，灵活调整课程进度和内容，确保每一堂课都能达到预期的教学效果。

（四）教学手段创新方面

在现代教育中，单一的传统教学手段已难以满足学生对知识的需求，尤其是在体育与健康课堂中，创新的教学手段显得尤为重要。教师应当积极运用多样化的教学手段，将理论与实践相结合，推动学生全面发展。例如，教师可以通过运用视频分析技术，帮助学生直观地理解运动技巧和动作要领。现代科技手段，如多媒体教学和虚拟现实技术的应用，能够生动直观地呈现体育与健康的知识，极大地增强课堂的互动性和趣味性。通过虚拟现实技术，学生可以在模拟的运动场景中进行虚拟训练，这不仅能帮助学生更好地理解和掌握技能，还能提升他们的运动体验感和实践能力。通过这些创新的教学手段，学生的学习兴趣得到显著提升，课堂的教学效果也得到了极大的增强。

（五）教学媒介方面

教学媒介是体育与健康活动中不可或缺的重要工具。不同类型的教学媒介为学生提供了多样化的学习体验，并在课堂的各个环节中发挥着重要作用。除了传统的教学器材和健身设备外，现代化的网络资源也为学生获取体育与健康知识提供了丰富的渠道。例如，教师可以通过网络平台推送在线学习资料和运动教程，让学生在课后进行复习和练习。借助多种教学媒介，学生可以在课堂内外灵活地进行体育锻炼，进一步提高自己的身体素质。同时，教学媒介还能够帮助学生开阔视野，接触到更多元化的体育知识和运动方式，提升其综合素质和体育与健康素养。通过拓展教学媒介的种类和应用范围，学生能够更加全面地了解体育与健康的各个方面，进而实现素质教育的目标。

总之，创新体育与健康情境的关键在于通过多角度、多方位的教学改革，不断激发学生的学习兴趣和参与热情。通过课堂组织、氛围营造、课程设计、教学手段和媒介传播等方面的创新，能够为大学生提供更加丰富多彩的学习体验，全面提升他们的体育与健康素养，帮助他们养成良好的体育习惯，享受健康的生活方式。

四、整合体育与健康资源，强化效能

为了更有效地推动体育与健康素养的提升进程，高校需从多个维度着手，首要任务是增加对体育与健康活动举办经费的投入力度，并同步加大对体育与健康教学用具、设施以及活动器材的配备与建设步伐。这一举措旨在全面优化高校对体育与健康资源的整合与利用效能，从而进一步强化体育与健康素养的提升效果。

高校应保障体育与健康活动的资金支持，确保各项活动能够顺利开展，并在此过程中，不断升级和完善相关的教学用具、设施及活动器材，以满足日益增长的体育教学与活动需求。通过这样的资源配置与利用，高校能够为学生提供一个更加优质、全面的体育与健康学习环境，进而在潜移默化中提升学生的体育与健康素养水平。

通过加大资金投入与资源配备力度，高校能够更有效地统筹利用体育与健康资源，从而为学生体育与健康素养的全面提升创造有利条件，推动体育与健康教育事业的持续健康发展。

（一）完善教学用具配备

教学用具的配备程度及其性能状态，对于体育与健康教学的整体品质具有直接且深远的影响。因此，高校应当将教学用具的选购、日常保养以及适时更新视为提升教学质量的关键环节，以期通过优化教学工具的使用，丰富教学模式，有效激发学生的学习兴趣，提高他们的课堂参与度。

在采购教学用具的过程中，高校必须严格遵守国家体育总局及教育主管部门所制定的各项标准与规范，确保每一件教学用具均能满足国家对于质量与安全的严格要求。这不仅关乎学生在体育活动中的安全保障，更是提升体育与健康教学质量的基石所在。通过严格把控教学用具的采购质量，高校能够为学生提供一个既安全又高效的体育学习环境，从而进一步推动体育与健康教育事业的发展。

教学用具的配备及其质量对于体育与健康教学至关重要。高校应当重视教学用具的选购、维护与更新工作，严格遵守相关标准与规范，以确保学生能够在安全、高效的环境中学习体育与健康知识，进而实现教学质量的全面提升。

为了保障体育教学活动的顺利进行与教学质量的持续提升，高校应当构建一个全面而有效的维护与更新体系。鉴于体育教学用具在频繁且长时间的使用过程中可能会遭受磨损或发生损坏，因此，定期且细致的教学用具检查与维修工作显得尤为重要。这不仅关乎学生在使用过程中的安全保障，更是确保教学用具在使用过程中能够保持其应有的稳定性和可靠性。

随着教育理念的不断进步与教学技术的日新月异，高校还需密切关注教学需求的变化，并据此及时对教学用具进行必要的更新与升级。这一举措旨在确保体育教学用具能够始终与现代教学需求保持同步，从而充分发挥其在教学过程中的辅助作用，进一步提升体育教学的效果与质量。

高校应当高度重视体育教学用具的维护与更新工作，通过构建全面的维护与更新体系，确保教学用具在使用过程中的安全稳定，并紧跟教学需求的变化，及时进行更新升级，以持续推动体育教学质量的提升。

（二）优化教学设施

体育教学设施的全面优化与升级，对于切实提升体育与健康课程的教学成效具有至关重要的保障作用。因此，高校应当加大对体育场馆、健身房等关键教学设施的投入力度，并在此过程中，将设施的安全性、环保性能以及舒适度置于首位，以确保学生能够在一个既宽敞又安全的学习环境中，充分享受体育与健康课程带来的乐趣与益处。

教学设施的完善不仅体现在数量的增加上，更体现在质量的提升上。高校在规划与建设体育场馆、健身房等设施时，需严格遵循国家相关安全标准与环保要求，确保每一件设施都能达到高标准的安全性与环保要求。同时，为了提升学生的学习体验，设施的设计还需充分考虑人体工学原理，确保学生在使用过程中能够感受到设施的舒适度与便捷性。

教学设施的全面优化与升级，是提升体育与健康教学效果不可或缺的一环。高校应当加大投入力度，注重设施的安全性、环保性及舒适度，为学生创造一个既宽敞又安全的学习环境，从而确保他们在享受体育与健康课程的同时，能够充分保障自身的人身安全与健康。

（三）加大活动举办资金投入

体育与健康活动的成功举办，离不开充足的资金支持，这是确保活动顺利推进与持续发展的基石所在。为此，高校应当从年度预算中科学合理地划拨一定比例的资金，专门设立体育与健康活动基金，以保障各类体育活动的连续性与规模化发展，进而为大学生体育事业的蓬勃发展提供坚实的资金后盾。

除学校预算外，高校还应积极拓展资金筹集渠道，积极寻求与体育企业及相关行业的深度合作。通过引入赞助机制，高校能够吸引更多的企业参与体育活动中来，这不仅能够为高校带来必要的资金支持，同时也为企业提供了一个展示品牌形象、提升社会影响力的绝佳平台。在这种互利共赢的合作模式下，企业可以借助体育活动的影响力，有效提升自身的品牌知名度与社会认可度；而高校能够借助企业的资金助力，进一步推动大学生体育事业的繁荣发展。

资金保障是体育与健康活动顺利开展的关键所在。高校应当通过科学预算与多元筹资相结合的方式，为体育与健康活动提供充足的资金支持，同时积极寻求与企业的深度合作，共同推动大学生体育事业的蓬勃发展。这种合作不仅能减轻学校的资金压力，还能促进社会资源的共享。为增强相关企业赞助的吸引力和公信力，学校应加强资金管理和监督，确保赞助资金的有效使用。同时，学校可以对赞助者进行荣誉表彰或回馈，增强赞助者的荣誉感。

五、健全体育与健康管理机制，筑牢发展保障

在当前的高等教育环境中，健全的体育与健康管理机制对于提升大学生的体育与健康素养，促进其全面发展具有重要意义。通过建立系统化、规范化、可持续的管理机制，可以为大学生提供更为完善的体育与健康教育服务。

（一）**政策导向机制：明确规范与支撑**

政策导向机制是推动体育与健康活动有序开展的核心保障。高校需要根据教育目标与学生需求，制定一系列具体的体育与健康政策，这些政策包括但不限于体育课程设置、活动组织要求、安全保障措施、资源配置标准等。政策的核心作用是为体育与健康活动提供法律和制度上的支撑，明确活动的要求、条件与标准，并通过制定奖惩机制来确保各项活动合规、有序开展。同时，政策也为教师、学生以及活动组织者提供了清晰的行动指南，保障活动的规范性和公平性。

（二）**活动平台建设机制：拓展参与渠道与激发积极性**

建立高效的活动平台建设机制，是提升大学生体育与健康素养的重要举措。高校需要构建多元化的活动平台，包括线上与线下结合的活动形式，利用现代信息技术，提供更多的参与机会，平台包括但不限于体育俱乐部、兴趣小组、学校体育赛事、健

康讲座等,旨在让学生能够方便地获取体育与健康活动信息,参与到多样化的活动中来。通过平台建设,不仅能够激发学生的自我效能感,还能够形成广泛的社会效应,推动全校范围内的体育与健康活动的普及。

(三)活动组织机制:确保效果与吸引力

高质量的活动组织机制是确保大学生体育与健康素养提升的核心所在。高校需要设计并实施一套科学的活动组织机制,包括活动内容的设计、执行的标准、效果评估等。

活动内容的设计:活动内容应根据学生的兴趣与需求进行定制,注重理论与实践的结合,增强活动的吸引力和参与度。

执行的标准:制定标准化的活动执行流程,确保活动的高效运作,包括活动人员的配备、时间地点的协调等。

效果评估:通过制定科学的活动评估体系,对活动的参与度、学生的反馈以及活动的效果进行全面评估,确保活动的质量与可持续性。

通过活动组织机制的建设,可以确保体育与健康活动在实施过程中的高效性和针对性,从而提高学生的体育与健康素养。

(四)资源保障机制:完善设施与支持

资源保障机制是支撑体育与健康活动顺利进行的基础,高校应通过合理配置场地、设备、资金等资源,为体育与健康活动的开展提供必要的物质保障。同时,资源保障机制还应包括社会资源的整合与利用。例如,可以与地方政府、体育机构、社会团体等合作,引入外部资金、技术支持与专业资源,丰富校园体育活动的内容和形式。通过资源保障机制,可以解决高校在开展体育与健康活动过程中遇到的资金短缺、场地不足等问题,确保活动的持续开展。

(五)持续改进机制:反馈与创新

为了确保体育与健康管理机制的长效性和适应性,高校应建立持续改进机制,包括定期的反馈与评估,及时发现问题并进行调整。例如,可以通过学生调查、教师座谈等方式收集反馈信息,分析活动中存在的问题,提出改进措施,并根据外部环境变化和新兴需求及时调整策略和内容。持续改进机制的实施有助于不断优化管理流程,提升活动质量,确保体育与健康活动始终能够满足学生需求和时代发展的要求。

第二节 "互联网+"背景下大学生体质健康管理

一、"互联网+"背景下大学生体质健康的动态监测

(一)实施动态体质健康变化监测的必要性

在政策文件的明确指引与坚实保障下,众多高校积极响应并大力推进"互联网+"战略的实施,成功打造了一系列彰显高校特色的体质健康监测互联网交互平台。这些平台旨在以更加便捷、高效的方式服务于大学生的体质健康监测工作,进而强化体质数据动态变化的支撑作用,为体育教育的精准施策提供有力依据。

为了进一步提升服务效能,高校还需深度融合新一代信息技术,如大数据、云计算、人工智能等,以科技赋能体育发展,从而用更广阔的视角丰富和完善高校体育综合服务体系。在此过程中,不仅要注重技术层面的创新与突破,更要关注用户体验的优化与提升,确保平台能够真正满足大学生的实际需求,助力其健康成长。

在"互联网+"背景下,技术保障成为推动学生体质健康测试与监测管理平台不断完善的重要力量。通过持续优化平台功能、提升数据处理能力、加强信息安全防护等措施,学生体质健康测试与监测管理平台正逐步构建起一个全面、准确、高效的体质健康监测体系,为高校体育教育的科学决策与精准管理提供了强有力的支撑。随着服务监管模式的不断强化与升级,体质健康监测管理与体育教育之间的协同效应愈加显著,二者相互促进、共同发展,形成了良性互动的局面。在此过程中,对接式的信息化管理渠道正逐步迈向全面信息化的新阶段,为体质健康监测工作的高效开展提供了有力支撑。

值得一提的是,当前正着力构建规定时域内的自主监测数据上报机制,这一举措不仅极大地提升了数据收集的时效性与准确性,更为网络化体质健康监测体系的建立奠定了坚实基础。通过这一机制,体质健康监测数据能够实时上传至信息化管理平台,实现数据的即时共享与分析,从而有效推动体质健康监测工作的科学化、精细化发展。

可以预见的是,随着自主监测数据上报机制的不断完善与网络化体质监测体系的

逐步成熟，体质健康监测工作将步入一个全新的发展阶段，为体育教育的精准施策与个性化服务提供更加全面、准确的数据支持。

在"互联网+"背景下，实施动态体质健康监测已成为时代发展的必然趋势，同时也为高校体育教育带来了新的发展机遇与严峻挑战。面对这一历史性的转折，高校需紧密结合自身实际情况，科学合理地引入并充分利用新兴的信息化监测硬件与软件技术，以技术创新推动体质健康监测工作的深入发展。

在此基础上，高校还应积极构建后续服务管理与数据利用部门，致力于将体质健康监测数据转化为具有实际指导意义的健康管理方案。通过深入挖掘数据的潜在价值，为大学生提供个性化的健康干预与指导服务，从而有效保障其体质健康的稳步提升。

高等院校在"互联网+"时代背景下，应紧跟时代步伐，积极应对挑战，充分利用信息化手段，推动体质健康监测工作的创新发展。通过构建完善的监测体系与后续服务管理机制，为大学生的体质健康提供坚实有力的保障，助力其全面发展与成长。

（二）大学生体质健康动态变化监测工作的创新与改进

1. 构建体质健康监测管理平台

在"互联网+"的时代大潮中，高校应当主动拥抱信息化，将信息化手段深度融合于大学生体质健康监测工作之中，进一步提升对此项工作的重视程度与投入力度。为此，构建一个集在线答疑、个性化咨询服务于一体的综合平台显得尤为重要。

该平台不仅能够实现体质健康监测数据的实时上传与智能分析，还能够通过在线答疑功能，及时解答学生在体质健康方面存在的疑惑与问题，确保他们能够准确理解并有效执行体质健康指导方案。同时，平台还提供了个性化咨询服务，能够根据学生的具体情况与需求，量身定制专属的健康管理计划，为学生提供更加贴心、精准的服务。

通过这一综合平台的建立与完善，高校能够更有效地推进学生体质健康监测工作的信息化进程，提升工作效率与质量，为学生的健康成长提供有力保障。

2. 实施科学动态化监控

实施科学动态化监控是提高学生体质健康监测工作的重要创新与改进。高校可以引入先进的技术手段，如智能穿戴设备、健康管理平台和大数据分析工具，实时跟踪学生的体力活动、心率、血压等生理指标，实现健康状况的持续监控。通过动态化监控，不仅能及时发现学生身体状况的异常，还能根据数据趋势进行个性化健康干预。例如，基于数据分析，学校可以为体质较弱的学生制定专门的运动计划，避免运动过度或不足，提高学生的身体素质。此举不仅能提高体质健康数据的精准度,还能为学校健康管理决策提供科学依据,为学生的身心健康提供更为全面的保障。

3. 自上而下协同配合

针对目前高校学生体质健康水平逐年下降的问题,为了推进体质健康监测管理的科学化进程,高校应增加信息供给量,充分调动学生参与体育锻炼的积极性与主动性,加强各部门之间的联动,确保体质健康监测团队形成协同配合的工作机制,提升体质健康监测管理的智能化水平,结合高校实际情况以及区域的气候特点,宣传体育的健身功能,开发有助于学生体质健康的专题讲座、锻炼场地及有益于健康的项目。在此基础上,形成强大的信息数据库供给,反馈学生体质健康问题的趋势、种类及影响因素,保证学生体质健康监测工作发挥应有的价值。

4. 加强测试效果评估,落实快捷评价

为了充分发挥动态监测的优势,进一步完善健全测试检查制度,以学生健康指导为核心,强化服务功能以及测试效果评估,在满足测试学生各种需求的前提下,做好数据结果的评析与定期抽查,积极督促学生参与并严惩徇私舞弊行为,确保结果的真实性和有效性。

此外,应注重学生健康指导的落实与快捷评价,选用科学合理的信息咨询系统,通过连接互联网在网络智能平台或沟通工具开展健康指导与干预,帮助学生清晰了解训练前后的差异及其对健康成长的潜移默化的影响。同时要适时开展精准评价,在统计分析、组织实施、制度宣传环节上下功夫,做到及时纠错、整改,确保评价反馈机制形成即时化跟踪管理。

总之,加大政策、经费和物质上的支持,制定成熟的体质健康测试监督体系,进一步加强协同合作,定期发布学生体质健康状况,确保学生体质健康动态变化监测发挥其应有的效能。

5. 加大监控力度,规范测试场地和仪器

体质健康测试的监控力度需要进一步加强,特别是在测试场地和仪器的规范化管理上。高校应定期对体质健康测试仪器进行检查与更新,确保设备的准确性和稳定性。可以通过引入"互联网+"智慧监控系统,将体质健康测试过程与数据采集、分析结合起来,提高监测的智能化水平。

同时,为了提高学生对测试结果的重视,高校应加大宣传培训力度,让学生更加清晰地了解测试的重要性,并激发他们积极参与的热情。测试场地的仪器设备应符合标准化要求,定期进行升级和维护,确保每一项测试都能够在科学和精确的条件下进行。结合线上运动平台,建立健康信息网格化管理平台,使学生能够实时跟踪自己的健康数据,并进行个性化的锻炼指导。

二、"互联网+"背景下运动健康软件对体质健康的促进

运动健身软件在"互联网+"背景中应运而生,极大地提升了大学生积极锻炼的意识,这些软件内容丰富,不受时间和空间的限制,涵盖力量、速度、灵敏度和耐力等多方面的锻炼内容,能够满足不同需求的学生。

大多数运动健身软件可以通过与外部设备连接,记录学生在运动过程中的心率、运动幅度及运动量等数据。通过分析这些数据,软件能够为学生提供体质评分,并制订合理的运动计划,进一步促进大学生身体健康的发展。

运动健身软件不仅为学生搭建了一个交流与分享的互动平台,还在一定程度上缓解了他们的心理压力,有效排解负面情绪,为心理健康的维护提供了有力支持。在这一过程中,学生通过分享自己的运动成果与心得,不仅收获了来自同伴的认可与鼓励,更在成就感的驱使下,进一步激发了参与体育锻炼的热情与动力。

此外,这种基于运动健身软件的互动与交流,还有助于提升大学生的自信心与耐力水平。学生在相互激励与监督中,不断挑战自我、超越自我,从而在体能与意志品质上均实现了显著提升。这种积极的变化,不仅促进了学生身心健康的全面发展,更为他们未来的学习与生活奠定了坚实的基础,有效提升了整体健康水平。

(一)运动健身软件在促进大学生体质锻炼方面的优势

随着科技的日新月异与信息技术的迅猛推进,运动健身软件在大学生群体中日益普及,逐渐成为他们日常生活中不可或缺的一部分。这些应用软件的功能远不止简单地辅助大学生进行体能锻炼,它们更像是一座桥梁,连接着学生的身体健康与积极生活方式的塑造。

运动健身软件通过提供个性化的锻炼计划、实时监测运动数据以及丰富的健身教程等功能,不仅有效地引导大学生进行科学、系统的体能训练,更在潜移默化中培养了他们的健康意识与自律精神。在运动健身软件的陪伴下,学生能够更加直观地了解自己的身体状况,从而制订出更为合理、可行的健康计划,并在执行过程中不断感受

到身体的变化与进步。

运动健身软件还通过内置的社交功能，为大学生搭建了一个交流与分享的平台。在这里，他们可以相互激励、共同进步，形成一种积极向上的健身氛围。这种氛围的营造，不仅进一步激发了学生的锻炼热情，更在无形中提升了他们的自信心与社交能力，为塑造全面、健康的人格奠定了坚实基础。

运动健身软件在大学生群体中的普及与应用，不仅为学生提供了便捷、高效的锻炼工具，更在促进身体健康、塑造积极生活方式方面发挥了不可估量的积极作用。

1.运动健身软件的多样化功能

随着科技的不断进步，运动健身软件在功能上不断创新和丰富，逐步成为大学生健身生活中的重要伴侣。目前市面上的大多数运动健身软件都具备了多种功能，包括激励功能、提醒功能、社交功能和数据记录功能等。这些功能不仅能够满足大学生对运动健身的基本需求，还能够有效激发大学生参与体育锻炼的兴趣和动力。

（1）激励功能

激励功能是运动健身软件中最具吸引力的特点之一，软件通过设定目标、积分、排名等方式，激发大学生的运动热情。例如，软件可以根据用户的运动表现设定每周或每月的目标，并通过完成任务来获得奖励，激励用户持续进行锻炼。此外，一些软件还会提供虚拟教练，给用户进行实时反馈，帮助他们调整运动强度，进一步提升锻炼效果。这种激励机制不仅可以帮助大学生保持运动习惯，还能在一定程度上增加运动的乐趣和挑战性。

（2）提醒功能

提醒功能能够帮助大学生养成规律的运动习惯，并确保他们不会错过锻炼时间。软件通常会根据用户的个人设定，发送定时的运动提醒或饮水提醒。例如，每天早晨，软件会提醒用户进行晨跑或做晨间拉伸；在一天的学习结束时，软件会提醒用户进行放松运动或进行适当的有氧运动。通过这种方式，大学生能够在繁忙的学业生活中合理安排运动时间，确保锻炼的持久性和连续性。

（3）社交功能

社交功能的加入极大增强了运动健身软件的互动性和黏性。大学生可以在软件平台上与朋友互动，分享锻炼成果，形成相互鼓励、共同进步的氛围，从而提升体育锻炼的持续性。

（4）数据记录功能

运动健身软件中的数据记录功能能够帮助大学生清晰地了解自己在锻炼过程中的表现和进步，包括运动的时长、消耗的卡路里、步数等各项数据。这种量化的记录不仅提升了大学生对体育锻炼的重视，还使他们能更准确地进行自我调整和优化锻炼计划。此外，部分软件还通过分析数据为大学生提供个性化的锻炼建议，使其锻炼更加科学和有针对性，从而达到更好的体质提升效果。

2. 利用运动健身软件优化传统体测模式

运动健身软件的应用不仅限于辅助学生的日常锻炼，它还可以与高校的传统体测模式相结合，优化和提升体测效果。传统的体质测试往往集中在某一天进行，内容涵盖了仰卧起坐、立定跳远、肺活量、500米短跑和2000米长跑等项目。由于这些测验在一天内集中进行，很多体质较差的学生往往感到吃力，难以完成所有项目。对此，高校可以通过与运动健身软件的合作，重新设计体测的实施方式。具体来说，可以将传统体测的任务分散到一个学期内进行。例如，规定每位学生在期末考试之前必须达到一定的步数、快走或跑步的目标。通过这种分阶段的方式，不仅能够帮助体质较差的学生逐步提升体能，也能够有效避免短期内的高强度运动带来的身体负担。此外，运动健身软件通过记录和监测学生的锻炼数据，能够提供个性化的体测方案，使得体测不仅仅是一次性的评估，更是一个持续优化和调整的过程。

3. 运动健身软件的体育指导

运动健身软件在增进大学生体质健康方面的显著优势，体现在其涵盖广泛且深入的体育指导资源上。当前，众多高校的体育课程设置普遍呈现出模式化、频次有限的特征，通常局限于每周一次的固定课程，这显然难以满足学生对于系统性、持续性体育锻炼及良好锻炼习惯养成的迫切需求。

运动健身软件以其丰富的指导内容与高度的个性化定制能力，有效填补了这一空白。这些软件不仅提供了多样化的锻炼计划，涵盖了力量训练、有氧运动、柔韧性提升等多个维度，还能够根据用户的身体状况、健身目标及个人偏好，智能推荐最适合的锻炼方案。这种个性化的指导模式，使得大学生能够根据自己的实际情况，灵活调整锻炼计划，确保锻炼的科学性与有效性。

运动健身软件的持续指导能力也是其显著优势之一。不同于高校体育课程的一次性授课模式，这些软件能够伴随学生的整个健身旅程，提供持续的跟进与反馈。无论是锻炼初期的技能学习，还是中后期的效果评估与计划调整，软件都能提供全面、专业的指导与支持，帮助学生逐步建立并巩固良好的锻炼习惯。

运动健身软件以其丰富的体育指导资源、个性化的定制服务以及持续的跟进指导，在提升大学生体质健康方面展现出了显著优势，有效弥补了高校体育课程设置的不足，为学生提供了更加全面、灵活且高效的健身指导方案。

运动健身软件大多都内置了精心设计的训练模块，这些模块旨在为用户提供多样化的锻炼选择。大学生可以根据自己的具体需求与健身目标，自由挑选适合的锻炼项目，并在软件内嵌的视频教程与图文并茂的指导资料下，规范地完成每一个动作，确保锻炼的准确性与有效性。

为了进一步激发大学生的锻炼热情，提升锻炼过程的趣味性与互动性，这些软件还巧妙地融入了小目标设定与趣味小游戏等创新元素。通过设定一系列既具挑战性又可实现的小目标，软件能够不断激励学生在锻炼过程中持续努力，逐步达成自己的健身愿景。同时，趣味小游戏的设计让锻炼过程变得更加轻松愉快，有效缓解了大学生因长时间锻炼而产生的疲劳感与枯燥感。

这种结合了个性化训练选择、专业指导资料以及趣味化互动元素的运动健身软件，不仅极大地提升了大学生的锻炼体验与参与度，还有助于培养他们形成积极健康的运动习惯与生活方式。在软件的陪伴下，能够更加科学、高效地进行体育锻炼，从而在享受运动乐趣的同时，不断提升自己的体质健康水平。

4.运动健身软件丰富大学生的业余生活

运动健身软件在充实大学生课余时光、促进身心健康方面展现出了独特的优势。鉴于这些软件所具备的互动性、个性化及便捷性等特点，高校可以巧妙地借助其平台优势，策划并举办一系列以学生为主导、积极参与的体育活动。

高校可以充分利用运动健身软件中的多样化锻炼计划与社交功能，鼓励大学生自发组建运动小组或参与线上挑战赛，以此激发他们的运动热情与团队协作能力。通过设定明确的锻炼目标与奖励机制，软件能够持续追踪并精准反馈学生的运动数据，从而为其提供正向激励与成就认可，有效强化锻炼行为的持续性与积极性。

高校还可以结合运动健身软件的数据分析功能，对参与活动的大学生进行科学的身体评估与运动指导。这种基于数据的个性化服务，不仅能够帮助学生更全面地了解自己的身体状况与运动能力，还能为他们量身定制合适的锻炼计划，确保体育活动的科学性与有效性。

运动健身软件以独特的优势，为高校组织以大学生为主导的体育活动提供了有力支持。通过巧妙运用平台功能与数据分析能力，高校能够更有效地激发大学生的运动热情，培养他们的健康生活方式与团队协作能力，从而为大学生的全面发展奠定坚实基础。

运动健身软件内嵌的挑战赛事与排行榜机制，同样展现出了吸引学生兴趣、加深体育锻炼参与度的显著效能。这种创新的互动模式，不仅有效提升了大学生的体质健康状况，还成功地将运动融入了大学生活的日常生活中，为健康生活方式的培育注入了新的活力。

挑战赛事的设定为大学生提供了一个展示自我、超越极限的舞台。通过参与各类富有创意与挑战性的运动任务，大学生能够在竞争与合作的氛围中，不断激发自己的潜能，享受运动带来的成就感与乐趣。这种积极向上的运动氛围，无疑增强了他们对体育锻炼的投入感与持续性。

排行榜机制通过直观的排名展示与奖励激励，进一步激发了大学生的运动热情。大学生在追求更高排名的过程中，不仅能够清晰地看到自己的进步与成长，还能与同龄人进行友好的竞争与交流，从而不断推动自己向更高的目标迈进。这种基于数据的可视化反馈，使得运动成为一种可量化、可追踪的生活方式，进一步促进了健康习惯的养成。

运动健身软件中的挑战赛事与排行榜机制，以独特的互动模式与激励机制，成功吸引了大学生的兴趣，加深了他们对体育锻炼的参与度。这种创新的运动方式，不仅有效提升了学生的体质水平，还使得运动成为大学生日常生活不可或缺的一部分，为健康生活方式的养成奠定了坚实基础。

（二）"互联网+"背景下运动健身软件的开发建议

在"互联网+"背景下，信息技术的飞速发展无疑为各类应用软件的研发与推广开辟了前所未有的新机遇。特别是在大学生这一充满活力与潜力的用户群体中，运动健身软件已经超越了传统身体锻炼工具的范畴，成为一种集促进健康生活方式、培育良好健身习惯及增强社交互动于一体的综合性平台。然而，在当下这个运动健身软件市场百花齐放、竞争激烈的格局下，如何使自家产品脱颖而出，成为摆在开发者面前的一道难题。

为了占据一席之地，开发者需要从多个维度进行深入剖析，采取一系列切实可行且富有创新性的策略。首先，他们应当聚焦于产品的核心功能，确保软件能够提供科学、有效且个性化的锻炼计划，以满足大学生多样化的健身需求。其次，通过不断引入前沿技术，如人工智能、大数据分析等，来优化用户体验，提升软件的智能化与互动性。

开发者还需注重软件的社交属性，通过构建完善的用户社区、举办线上线下的健身活动等方式，增强用户之间的交流与互动，从而进一步提升用户的黏性与活跃度。在营销策略上，可以借助社交媒体、校园合作等多种渠道，进行精准定位与有效推广，以扩大软件的知名度与影响力。

面对运动健身软件市场的激烈竞争，开发者需从功能优化、技术创新、社交互动及营销推广等多个角度出发，采取切实有效策略，以确保自家产品能够在众多竞争对手中脱颖而出，赢得大学生用户的青睐与信赖。

1. 扩大用户基础

在数字化时代的大背景下，运动健身软件若要成功吸引更多的大学生用户群体，就必须着力提升自身的品牌知名度与市场曝光率。这一目标的实现，并非单纯依赖于软件本身的功能完备与用户口碑积累，而是需要借助一系列高效且富有创意的宣传推广策略来加以助力。

开发者应当充分认识到，在当下这个信息爆炸的时代，仅凭软件功能的出色与用户的自发传播，难以在激烈的市场竞争中脱颖而出。因此，他们必须积极探索多元化的宣传渠道与推广手段，以扩大软件的受众覆盖面与品牌影响力。

一方面，开发者可以通过与高校社团、体育部门等机构的深度合作，举办各类线上线下相结合的健身活动或挑战赛，以此作为切入点，吸引大学生的关注与参与。通过活动的成功举办，不仅能够直接提升软件的知名度，还能在大学生群体中建立起积极、健康的品牌形象。

另一方面，开发者还可以充分利用社交媒体平台、短视频平台等新媒体资源，通过发布高质量的健身内容、用户故事或挑战赛集锦等方式，增强软件的曝光度与用户黏性。同时，借助大数据分析与精准营销策略，对目标用户群体进行细分与定位，以实现更加精准有效的宣传推广。

借助这些平台的强大互动性能与庞大的用户基数，不仅能够有效加速软件曝光率的攀升，还能够通过深入与学生群体的互动交流，显著增强软件的用户黏性。在此基础上，开发者还需持续不断地对软件的功能与内容进行完善与迭代，巧妙融入更多与大学生日常生活紧密相连的个性化设计元素。

开发者还应致力于探索并引入那些能够引起大学生共鸣、满足其特定需求的创新功能，如社交分享、成就系统、定制化锻炼等，以此丰富软件的内涵与外延，提升用户体验的深度与广度。同时，通过定期更新内容、优化界面设计、强化互动环节等手段，确保软件在保持新鲜感与吸引力的同时，也能够更好地适应大学生群体的使用习惯与偏好。

为了进一步提高软件的用户黏性并降低流失率，开发者还需密切关注用户反馈与市场需求的变化，及时调整策略，确保软件能够持续满足用户的期望与需求。通过构建完善的用户服务体系、提供及时有效的技术支持与售后服务，以及开展丰富多彩的线上线下活动，增强用户与软件之间的情感联系与互动频率，从而构建起稳定而持久的用户群体。

2.精准定位，丰富内容

在运动健身软件的开发过程中，精准捕捉并满足目标用户群体的需求是至关重要的，尤其是在面向大学生这一特定用户群体时，开发者更需高度重视软件内容与功能的精准定位及个性化设计。为此，开发者需通过系统的市场调研与详尽的数据分析，全面且深入地挖掘大学生群体在运动锻炼方面的具体需求与偏好。

开发者应充分利用问卷调查、用户访谈、社交媒体分析等多种手段，广泛收集大学生用户的反馈与意见，以获取关于其运动习惯、锻炼偏好、健康目标等方面的第一手资料。在此基础上，通过对这些数据的科学分析与深入挖掘，开发者能够准确把握大学生群体的运动需求与期望，进而为软件的内容与功能的设计提供有力的数据支撑与决策依据。

基于这些宝贵的调研数据与分析结果，开发者可以更有针对性地制订运动计划、优化功能设计，确保软件能够精准满足大学生用户的个性化需求。例如，可以根据用户的体能水平、运动偏好及时间安排，为其提供量身定制的锻炼方案；同时，通过引入智能推荐算法、社交互动功能等创新元素，进一步提升软件的个性化与互动性，从而有效增强用户的使用体验与满意度。

运动健身软件的开发需紧密围绕目标用户群体的需求进行精准定位与个性化设计，通过系统的市场调研与数据分析，深入了解大学生群体的运动锻炼需求与偏好，并据此制订相应的运动计划,以打造更符合用户期望的优质产品。

在软件内容的策划与设计过程中,需全面且细致地考虑学生群体在体质、性别以及年龄段等方面的差异性需求。具体而言,对于体质相对较弱或运动经验相对匮乏的大学生而言,软件应当提供一系列入门级别的运动计划,这些计划应配以详尽的视频解说与动作示范,旨在帮助他们准确无误地掌握运动技巧,从而有效规避因动作不当而可能引发的运动伤害风险。

而对于那些运动能力出众、体能水平较高的学生,软件则需提供更加专业且富有挑战性的锻炼方案。这些方案不仅应涵盖更高强度的训练内容,还应包含针对特定体能指标的优化建议与提升策略,旨在助力他们不断突破自我极限,实现体能水平的飞跃式提升。

在设计软件内容时,还需注重内容的多样性与趣味性,以充分满足不同学生的个性化需求与兴趣偏好。通过融入多元化的运动形式、创新性的训练模式以及丰富的互动元素,进一步提升软件的吸引力与实用性,确保每位学生都能在其中找到适合自己的运动计划,并在享受运动乐趣的同时,实现身心健康的全面发展。

软件内容的设计需全面考虑学生群体的差异性需求,通过提供分层次、个性化的运动计划,以及详尽的视频解说与动作指导,确保每位学生都能在安全的环境中,根据自身实际情况,选择适合的运动方案,从而实现体能的稳步提升与健康生活方式的积极培养。

3. 紧跟时代,推陈出新

随着科技的日新月异,运动健身软件也需要紧跟时代步伐,持续进行革新与优化,以确保能够持续吸引并保持用户的活跃度与兴趣。在此背景下,软件开发者必须具备高度的创新意识与敏锐的市场洞察力,能够及时捕捉并响应用户的多样化需求,不断推陈出新,打造既富有趣味性又充满挑战性的新功能。

开发者需深入理解用户的运动习惯、偏好及目标,通过科学的用户调研与数据分析,精准把握市场动态与用户需求的变化趋势。在此基础上,结合前沿的科技与设计理念,创新性地开发出能够激发用户运动热情、提升运动效果的新功能。这些功能不仅应具备高度的实用性,还应融入趣味性元素,以丰富用户的运动体验,增强其对软件的黏性。

开发者还需注重功能的持续迭代与优化,根据用户的反馈与市场的变化,不断调整和完善功能设计,确保软件能够始终保持其竞争优势与吸引力。通过构建完善的用户反馈机制与数据分析体系，开发者能够及时发现并解决功能中存在的问题与不足，进一步提升软件的用户体验。

随着科技的不断发展，运动健身软件的创新与优化已成为保持用户活跃度与吸引力的关键所在。因此，软件开发者必须具备高度的创新意识与敏锐的市场洞察力，能够及时捕捉并响应用户的多样化需求，不断推陈出新，打造既富有趣味性又充满挑战性的新功能，以持续提升软件的竞争力。

第三节 健康中国背景下的大学生体育生活化路径

一、大学生体育生活化的特性

大学生体育生活化，是指体育活动以一种自然、和谐的方式融入大学生日常生活之中，这一过程既是个体在体育锻炼中的自发性演进与成果，也是体育活动在大学生整体生活中重要地位的彰显。从狭义角度来看，大学生体育生活化表现为大学生在日常生活中积极主动地投身于体育锻炼并取得一定的成效。这不仅是大学生个人身心发展的直观反映，也是其自我实现与成长的重要体现。

大学生体育生活化的实现，离不开个体对于体育锻炼的深刻认识与积极实践。大学生在日常学习与生活之余，能够自觉地寻找并创造机会，将体育锻炼融入自己的日常生活之中，使之成为一种习惯与生活方式。这一过程不仅有助于提升大学生的身体素质与运动技能，更能够在心理层面促进其形成健康、积极的生活态度。

大学生体育生活化也是大学生整体体育活动的重要组成部分。它不仅仅局限于个体的体育锻炼行为，更与校园体育文化、体育社团、体育赛事等多种形式的体育活动紧密相连。通过这些丰富多彩的体育活动，大学生能够进一步加深对体育的理解与热爱，进而在日常生活中更加自觉地践行体育生活化的理念。

大学生体育生活化的核心特性涵盖三大维度。

首先，这一特性体现在体育活动的日常化与自发性上。大学生能够自然而然地将体育活动融入日常生活中，无须外界过多引导或强制，展现出对体育运动的内在热爱与自我驱动。

其次，大学生体育生活化还表现为体育行为的多样性与个性化。大学生群体中的个体能够根据自身兴趣、体能状况及时间安排，灵活选择适合自己的体育项目进行锻炼，这种多样化的选择不仅丰富了校园生活，也促进了大学生个性的彰显与全面发展。

最后，大学生体育生活化的深层次特性在于其持续性与影响力。一旦体育活动成为大学生日常生活的一部分，往往会持续较长时间，甚至伴随其整个大学时代。同时，这种生活化的体育行为还会在同学间产生积极影响，带动更多人参与到体育运动中来，形成良好的校园体育氛围。

综上所述，大学生体育生活化的特性由日常化与自发性、多样性与个性化、到持续性与影响力，这些特性共同构成了其独特而丰富的内涵。

（一）大学生体育生活化契合健康中国的价值导向

中共中央、国务院印发的《"健康中国2030"规划纲要》为健康中国战略指明了前进方向，成为健康中国建设进程中的纲领性文件。该文件明确要求将健康融入所有政策，并把健康放在优先发展的战略位置，立足中国的国情，将促进健康的理念贯穿于公共政策的制定与实施的全过程。全民健康的核心目标是覆盖全人群、贯穿全生命周期，针对不同生命阶段的主要健康问题及影响因素，确定若干优先领域，并强化干预措施，提供从胎儿到生命终点的全程健康服务和保障，全面维护人民健康。政府和高校应继续坚持完善并实施全民健身计划，普及科学健身知识和方法，推动全民健身活动"生活化"。各方应积极推行健康的生活方式，加强对家庭和个人健康生活方式的指导与干预。这些措施，提升公民的健康意识和健康素养，使其能够形成符合自身特点的自主、规律的健康生活方式。

健康中国是国家在宏观层面为我国未来体育发展指明的方向，而在具体落实过程中，全民健身生活化则成为实现健康中国的具体体现。从概念层面来看，大学生体育生活化作为全民健身生活化的下位概念，指的是大学生群体在其生活中自觉融入体育活动的过程。大学生体育生活化不仅符合健康中国的战略目标，而且与健康中国的核心价值追求高度契合。健康中国倡导将健康融入各项政策，并推动全民形成健康的生活方式。大学生群体的体育生活化，恰恰是这一目标在青少年群体中的具体落实。通过推动大学生将体育锻炼和健康生活方式融入日常生活中，不仅能够增强身体素质和心理健康，也能为健康中国和全民健身战略提供有力支持。因此，在实现健康中国的进程中，大学生体育生活化就像是一辆强有力的马车，推动着健康中国战略的全面实施和深入发展。

（二）大学生体育生活化体现健康中国的具体目标

全国各地的高校应当加强健康教育宣传，结合高校的教学优势，将健康教育纳入体育教育体系，充分利用体育运动实践传递健康生活理念，促进大学生自觉、自律地参与体育活动。这一过程中，大学生群体的体育生活化将成为健康中国目标在校园中的具体表现。健康中国提出的健康生活方式对大学生群体产生了积极影响，科学、健康的校园体育生活方式可以有效地促进学生身心健康发展，提升身体素质，缓解心理焦虑等问题，从而形成大学生体育生活方式，并培养终身体育的观念。

各级政府和高校应继续实施青少年体育活动促进计划，培养青少年的体育兴趣，确保青少年能够熟练掌握至少一项体育技能，并保障学生在校期间每天的体育活动时间不少于一小时。通过明确量化的标准，督促大学生在校园生活中落实体育锻炼，树立健康意识，并在原有生活方式的基础上自觉调整，从而逐步形成更加科学、合理的健康生活理念。大学生体育生活化能够有效保证大学生体育锻炼的频次和强度，并通过更加适合其自身特点和自主选择的方式，推动大学生积极参与体育活动，从而增强体质，养成科学、规律的体育锻炼习惯，达到强身健体的目的。

（三）大学生体育生活化推动健康中国的有效实现

在大学教育阶段，大学生正处于生命历程的关键时期，而推动大学生体育生活化，正是积极响应健康中国战略纲要中关于全人群覆盖、全生命周期管理的核心理念。这一实践旨在针对不同生命阶段所面临的主要健康问题及其影响因素，精准识别并确立若干优先发展领域，通过强化针对性的健康干预措施，致力于构建一个从生命起始至终点，贯穿始终的健康服务体系与保障机制，从而全方位、多层次地促进人民健康水平的提升。

大学生体育生活化不仅是对《"健康中国2030"规划纲要》精神的深入贯彻，更是实现全民健康目标的关键一环。它强调在大学生这一特定生命阶段，通过倡导并实践体育活动的日常化、生活化，有效应对该阶段可能遇到的各种健康挑战，如体能下降、心理压力增大等，进而为大学生的身心健康奠定坚实基础。

大学生体育生活化的推广与实施，还有助于培养大学生形成积极健康的生活方式与良好的体育习惯,这些方式与习惯将伴随其一生,成为其实现个人全面发展、享受高品质生活的重要支撑。因此,从这一角度来看,推动大学生体育生活化不仅是践行《"健康中国2030"规划纲要》的具体行动,更是构建健康中国、实现全民健康愿景的有力保障与坚实基础。

高等教育的核心宗旨在于培育出既具备卓越才能又拥有高尚品德,同时身心健康全面发展的学生群体。而将体育融入大学生的日常生活之中,即推动大学生体育生活化,这一举措不仅能够极大地激发大学生对体育运动的浓厚兴趣,进一步调动他们参与体育活动的主动性与积极性,还能够显著提升身体素质,为强健的体魄打下坚实的基础。

大学生体育生活化在塑造学生个性方面也发挥着不可小觑的作用。通过持续的体育锻炼,大学生能够培养出积极向上、阳光开朗的性格特征,这种正面的个性特征将对他们未来的学习与生活产生深远的影响。更为重要的是,体育活动作为一种有效的情绪调节方式,能够帮助大学生有效缓解学业、就业等压力所带来的焦虑与抑郁情绪,进而维护其心理健康,促进其全面发展。

推动大学生体育生活化不仅有助于提升大学生的身体素质与个性品质,更在维护心理健康方面发挥着举足轻重的作用,是高等教育中实现学生身心健康全面发展的重要一环。

二、大学生体育生活化的路径

随着健康中国战略的深入实施,国家对国民健康问题的重视程度日益提升,将其视为民族繁荣兴盛与国家综合实力增强的显著标志,同时也是确保社会持续健康发展的基石。当前,大学生群体身体素质的普遍下滑已成为一个亟待解决的社会议题,引起了广泛关注。鉴于此,针对大学生这一关键群体,未来的国民健康生活规划必须将体育活动的参与度置于更加突出的位置,致力于推动大学生体育生活化的进程。

这要求我们在教育体系中进一步强化体育教育的地位,鼓励大学生将体育活动融入日常生活,形成积极健康的生活方式。通过提供多样化的体育设施与课程,激发学生的运动兴趣,培养其长期坚持体育锻炼的习惯。同时,社会各界也应共同努力,营造浓厚的体育氛围,为大学生参与体育活动提供更多的机会与平台。

面对大学生身体素质下滑的严峻挑战,推动大学生体育生活化已成为未来国民健康生活规划中不可或缺的一环。这不仅关乎大学生个体的身心健康与全面发展，更关系到整个民族的健康水平与社会的可持续发展。因此，我们必须从战略高度出发，全面重视并积极推进这一进程。

（一）建立个体观念

1. 大学生树立体育生活化意识

兴趣作为激发个体行动的强大动力，对于推动大学生积极参与体育活动具有无可替代的关键作用。当大学生能够基于个人兴趣投身于体育活动中时，这种参与往往会逐渐内化为一种自然而然的生活习惯，成为他们日常生活中不可或缺的一部分。然而，值得注意的是，尽管兴趣无疑是引导大学生参与体育活动的重要因素之一，但它并不能单独支撑起体育生活化的全面实现。

体育生活化的内涵远不止大学生参与体育活动的外在表现形式，它强调的是从内在观念层面出发，形成一种持续且深入的体育生活方式。这意味着，大学生在体育活动中的参与不应仅仅停留在兴趣驱动的浅层次上，而应超越这一层面，深刻认识到体育活动不仅仅是个人爱好的体现，更是生活方式的自然延伸与重要组成部分。

因此，为了真正实现体育生活化，大学生需要更加全面地理解体育活动的意义与价值，将其视为提升自我、塑造健康生活方式的重要途径。在参与体育活动的过程中，他们应逐渐培养起对体育的深厚情感与坚定信念，让体育活动成为他们生活中不可或缺的一部分，从而真正实现从兴趣驱动到生活方式转变的跨越。

大学生作为体育活动的核心参与者，应当深刻领悟体育与生活之间不可分割的紧密联系，而非仅仅将体育视为一种兴趣爱好或消遣方式。若大学生仅仅依据个人兴趣来决定是否参与体育活动，虽然在表面上似乎满足了体育生活化的某些形式要求，但实际上，这种做法与体育生活化的本质内涵之间存在着显著的差距，难以持续产生深远的推动力。

体育生活化强调的是体育活动在个体日常生活中的全面融入与深度渗透，它要求大学生不仅要在形式上参与体育活动，更要在内心深处形成对体育的深刻认同与持久热爱。这种认同与热爱应当超越单纯的兴趣层面，成为一种生活方式的选择与追求。因此，仅凭兴趣驱动参与体育活动的大学生，往往难以形成对体育的长期坚持与深入探索，也就难以真正体验到体育活动所带来的身心愉悦与全面发展。

为了真正实现体育生活化，大学生需要转变对体育的认知态度，从更广阔的视角来审视体育的价值与意义。他们应当认识到，体育活动不仅有助于提升身体素质、增强免疫力，还能够培养坚韧不拔的意志品质、促进心理健康发展。只有在此基础上，大学生才能更加自觉地投身于体育活动中，让体育活动成为他们生活中不可或缺的一部分，从而真正实现体育生活化的目标。

2.高校应加强学生"生活本位"思想教育

高等教育阶段是学生从校园向社会的关键过渡期，承载着塑造学生终身发展观念和构建健康生活方式初步框架的重任。在这一关键时期，高校教育扮演着至关重要的角色。为了促进学生的全面发展，高校应当充分利用体育教育的平台，着重培育"以生活为中心"的教育理念，并以此为导向，积极引导学生树立将体育融入日常生活的意识。

高校应把体育教育视为培养学生"生活本位"思想的重要途径。通过设计丰富多样的体育课程与活动，不仅传授体育知识与技能，更重要的是，要让学生在参与过程中深刻体会到体育活动对于提升生活质量、促进身心健康的重要性。这种体验式的教育方式，有助于学生在潜移默化中形成体育生活化的观念，即认识到体育活动不仅是课堂上的学习任务，更是贯穿日常生活、提升生命质量的关键因素。

高校在推进体育教育的过程中，通过体育这一载体，帮助学生建立起健康、积极的生活方式，为其未来的终身发展奠定坚实的基础。这一过程不仅关乎学生个体的成长与幸福，更是对构建健康社会、推动社会可持续发展的积极贡献。

（二）创设高校环境

1.以"生活本位"为目标，推进体育教学改革

当前阶段，高校体育教学的内容与实施方式尚未达到理想状态，依旧深陷于以"技能传授"与"知识积累"为主导的传统教育框架之中，难以自拔。这种教育模式因循守旧，往往难以激发学生的共鸣与热情，进而导致学生对体育课程兴趣索然，体育生活化的理念难以在大学生群体中生根发芽。

高校作为孕育与培养高素质人才的关键摇篮，肩负着推动体育教学改革、引领体育教育理念革新的重要使命。为了有效促进大学生体育生活化的实现，高校应当积极采取多元化、创新性的教学策略与手段，力求打破传统教育模式的桎梏，构建以学生兴趣为导向、以生活化实践为核心的体育教学新体系。

高校应致力于开发富有创意、贴近生活的体育课程内容，通过引入趣味性强、参

与度高的体育活动，激发学生的学习兴趣与参与意愿。同时，高校还应注重体育教育的实践性与应用性，鼓励学生将所学体育知识与技能融入日常生活之中，形成持之以恒的体育锻炼习惯，从而真正实现体育生活化的长远目标。

高等教育机构需对体育教学的目标进行重新审视与定位。教学目标的设定，犹如教育领域的指南针，它不仅为教育活动的规划与执行提供了明确的方向，还对教育路径的选择与实施起到了规范与约束的作用。在大学生这一特定群体中，体育活动与个体的生命健康状态、心理健康水平以及整体生活质量之间存在着极为紧密的关联。

通过对体育教学目标的调整与优化，体育活动将不再仅仅局限于体育课程内容的范畴之内，而是被赋予了更为深远的意义与价值。它将成为大学生日常生活中不可或缺的一个重要组成部分，一种促进身心健康、提升生活品质的必需要素。这种转变，不仅体现了对体育活动功能的全面认识与深入挖掘，也彰显了高等教育机构在培养学生全面发展方面所作出的积极努力与探索。

高校在重新确立体育教学目标的过程中，应充分考虑体育活动在大学生生活中的独特作用与重要地位，力求通过科学、合理的目标设定，引导学生形成积极向上的体育观念与生活方式，为他们的健康成长与全面发展奠定坚实的基础。

高校在教学评价领域的革新同样刻不容缓，应当勇于跨越传统的评价框架，不再拘泥于课堂教学的成效与技能水平的量化评估。相反，应当秉持更为全面、深入的评价理念，将学生日常的体育锻炼行为纳入评价体系之中，使之成为衡量学生综合素质的重要指标。

高校教学评价体系的构建，应当注重对学生体育行为的持续观察与综合考量。这不仅仅是对学生体育技能掌握程度的简单评判，更是其体育锻炼习惯、体育精神风貌以及体育素养养成情况的综合反映。通过将日常体育锻炼行为纳入评价体系，可以激励学生更加积极地参与到体育活动中来，形成持之以恒的体育锻炼习惯，进而促进其身心的全面发展。

高校在教学评价方面的改革，应当着眼于构建更加科学、合理的评价体系，既要关注学生的课堂学习成效，也要重视其日常体育锻炼行为的表现，以此推动学生体育素养的全面提升，为培养身心健康、全面发展的高素质人才奠定坚实基础。

2. 加强高校体育文化环境建设，营造良好氛围

从更宏观的视角来看，世间万物都可以被理解为人类与特定环境相互作用的产物。同样地，大学生亦置身于独特的校园文化氛围之中，无时无刻不受到其潜在而深远的影响。鉴于此，若要切实促进大学生体育生活化的进程，就必须高度重视并强化校园体育文化环境的营造，以充分发挥其对学生产生的隐蔽而深刻的教育效能。

校园体育文化环境的构建不仅关乎体育设施的完善与体育活动的丰富多样，更在于营造一种积极向上的体育精神氛围，让体育成为校园文化的重要组成部分，潜移默化地影响着每一位学生的思想观念与行为习惯。通过精心设计的体育活动、体育赛事，可以激发学生的体育热情，培养他们的体育兴趣，进而促使他们将体育活动融入日常生活，形成健康的生活方式。

加强校园体育文化环境建设，是推动大学生体育生活化的重要途径。这不仅需要高校管理者与体育教师的共同努力，更需要全体学生的积极参与，共同营造一个充满活力、健康向上的校园体育文化环境，为学生的全面发展提供有力支撑。

高等院校应当充分利用校园体育竞赛与体育文化之间的协同效应，借助体育竞赛的导向力量，激励学生踊跃投身于体育活动中。体育竞赛不仅是增强大学生体质的有效渠道，还是培育校园体育文化的重要载体。通过精心策划和组织的多样化体育竞赛活动，可以塑造出一种积极向上的体育文化氛围，激发学生的体育热情，促使他们自觉地将体育活动融入日常生活之中，从而营造出浓郁的体育环境。

对于高等院校而言，构建这样一种校园体育文化环境，无疑提供了一个值得深入探索与推广的成功范例。一个积极向上的校园体育文化氛围，能够极大地激发学生的内在动力，使他们自然而然地参与到体育活动中来，进而在更广泛的层面上推动体育生活化的实现。在这样的氛围中，体育活动不再仅仅局限于课堂或比赛场，而是成为大学生日常生活中不可或缺的一部分，真正实现了体育与生活的深度融合。

高等院校应当高度重视校园体育竞赛与体育文化的互动作用，通过不断创新和完善体育竞赛的形式与内容，进一步丰富校园体育文化的内涵，为培养身心健康、全面发展的高素质人才创造更加有利的条件。

（三）营造社会环境

1. 发挥官方媒体力量，构建主流体育舆论场域

在当代社会中，社会舆论的影响力具有广泛且深远的特性，对于大学生这一特殊群体而言，其思维方式和行为模式容易受到外界信息的深刻影响。因此处于心智尚未完全成熟、情绪状态相对不稳定的大学生群体在面对社会上纷繁复杂、海量涌现的信息时，往往更容易受到吸引并产生波动。

大学生正处于个人价值观、世界观逐步形成的关键时期，他们的思维方式和行为选择尚未形成稳定的模式，因此，更容易受到外界舆论环境的塑造和引导。社会舆论作为信息传播和观念交流的重要方式，其传递的信息内容和价值导向往往能够迅速引起大学生的关注，并在一定程度上影响他们的思维方式和行为选择。

如何有效引导社会舆论，为大学生营造一个健康、积极的信息环境，成了一个亟待解决的问题。高校和社会各界应当共同努力，通过加强媒体素养教育、完善信息传播机制、提升信息质量等措施，引导大学生理性看待社会舆论，增强他们的信息辨别能力和自我控制能力，从而帮助他们在复杂多变的社会环境中保持独立思考和正确行为。

官方媒体凭借庞大的受众群体与卓越的公信力，在传播体育领域的正面信息方面发挥着举足轻重的作用。这些传媒平台不仅致力于推广体育活动的基础知识，提升公众的体育认知，而且还擅长通过展现杰出运动员的卓越事迹与励志历程，树立典范，以此激发大学生群体树立正向、积极的体育价值观念。

官方媒体通过精心策划与制作的体育节目、专题报道等内容，将体育活动的基本规则、技巧以及健康益处等信息深入浅出地传达给广大受众，有效提升了公众对体育的了解与兴趣。同时，官方媒体还深入挖掘并广泛传播那些在体育领域内取得卓越成就、展现非凡毅力的运动员的故事，这些真实、动人的事迹如同一盏盏明灯，照亮了大学生前行的道路，激励着他们勇于追求卓越、不断超越自我，形成健康向上、积极进取的体育价值观。

因此，官方媒体在塑造大学生体育价值观方面扮演着不可或缺的角色，其通过高质量的信息传播与榜样示范，为培养具有健康体魄、积极心态的高素质人才提供了有力的支持。

2. 从体育活动回归到游戏本质，释放体育魅力

体育活动本质上蕴含着娱乐性与游戏性的特质，这一特点与其悠久的历史渊源紧密相连。追溯体育的起源，它萌芽于人类的游戏活动之中，作为人类过剩精力的释放途径，逐渐演变成具有明确规则与竞争性质的现代体育项目。然而，与竞技体育所强

调的竞技性与专业性有所不同，群众体育更加侧重于广泛的民众参与和娱乐休闲的价值，其核心宗旨在于提升个体的身体健康水平、增强人际交往能力、丰富日常生活乐趣，并借助这些活动推动个体的全面发展与进步。

群众体育强调的不仅是体育活动的竞技性，更重要的是其普及性与趣味性。它鼓励人们积极参与到各种形式的体育活动中，无论年龄、性别、职业都能在体育运动中找到适合自己的方式，享受运动带来的快乐与满足。通过参与体育活动，人们不仅能增强体质、提高身体素质，还能在互动与交流中增进友谊、拓展社交圈子，进而丰富个人的精神世界与生活体验。

因此，群众体育作为一种重要的社会文化活动，不仅有助于促进个体的身心健康与全面发展，还能够为社会的和谐与进步贡献积极的力量。它以其独特的娱乐性与游戏性，吸引着越来越多的人参与其中，共同享受体育运动带来的乐趣与益处。

为了有效应对电子产品对大学生时间管理的冲击，我们应从体育活动固有的吸引力着手，回溯并强化其作为游戏的本质属性。体育应更加注重其作为游戏与娱乐的角色，凸显其自由奔放、非功利性的鲜明特征。

体育活动应被重新定义为一种能够激发个体内在乐趣、促进身心放松的休闲方式。它超越了单纯竞技的框架，更多地强调参与过程中的愉悦体验与自我实现。通过体育活动，大学生可以在紧张的学习之余，找到一种释放压力、调节情绪的有效途径，从而避免过度沉迷于电子产品所带来的负面影响。

体育活动所蕴含的自由性与非功利性，也是其作为游戏本质的重要体现。它鼓励人们抛开功利，以更加轻松自在的心态参与其中，享受运动带来的纯粹快乐。这种自由与无拘无束的氛围，有助于培养大学生的团队合作精神、创新思维以及解决问题的能力，为他们的全面发展奠定坚实的基础。

为了减少大学生对电子产品的依赖，我们应深入挖掘体育活动的游戏本质，通过丰富多样的体育活动形式，激发大学生的参与热情，引导他们树立正确的休闲观念，实现身心健康与学业成绩的双重提升。

体育活动所具备的游戏性和娱乐性特质，契合了大学生对于休闲放松的需求，成为他们缓解学业重压、释放心理负担的有效途径。鉴于此，体育活动在设计与实施过程中，应当着重强化其娱乐属性，致力于营造一个轻松愉悦、充满趣味的参与环境，从而吸引大学生积极主动地投身其中。

体育活动应打破传统竞技观念的束缚，更多地融入游戏元素与娱乐色彩，使参与者在享受运动乐趣的同时，也能达到放松身心的目的。通过精心策划与巧妙设计，体育活动可以变得既富有挑战性又充满乐趣，让大学生在参与过程中不仅能够锻炼身体，还能在欢笑与互动中减轻学业带来的压力，提升心理调适能力。

体育活动在注重竞技性与技能提升的同时，更应兼顾其娱乐性与休闲价值，使之成为大学生活中不可或缺的一部分。通过强化体育活动的娱乐属性，不仅能够满足大学生对于休闲放松的需求，还能有效促进他们的身心健康与全面发展，为构建积极向上的校园文化氛围贡献力量。

为了促进大学生的全面发展，高等院校与社会各界应当携手合作，共同营造一个充满尊重与包容的体育氛围，激励大学生根据个人兴趣与能力偏好，自主选择适宜的体育项目。在这一积极的互动过程中，我们必须高度重视并充分尊重大学生群体的个性化需求，为他们提供广阔的空间与平台，鼓励他们在体育领域内发挥创新思维与创造力。

高校应致力于构建多元化的体育课程体系，涵盖不同类型的体育项目，以满足大学生多样化的兴趣与需求。同时，社会体育组织也应积极参与其中，通过举办各类体育赛事、交流活动，为大学生提供更多的实践机会与展示平台。在这一过程中，我们应秉持开放包容的态度，鼓励大学生勇于尝试、敢于创新，让他们在体育活动中不仅能够锻炼身体、提升技能，还能培养团队协作、创新思维等综合能力。

因此，尊重并包容大学生的个性化需求，鼓励他们在体育活动中发挥创新性，是构建积极健康校园体育文化的关键所在。通过高校与社会各界的共同努力，我们可以为大学生创造一个更加丰富多彩、充满活力的体育环境，助力他们成长为具有健康体魄与创新精神的新时代青年。

参考文献

[1] 陈础，程二平，郁鑫.大学生体育与健康[M].上海：上海交通大学出版社，2021.

[2] 陈静.对构建现代化高校体育制度的思考[J].南京体育学院学报(社会科学版)，2007（2）：86-88.

[3] 丁成忠，胡贵章，赵燕，等.大学生体质与健康指导教程[M].长春：吉林大学出版社，2015.

[4] 段婧.高校体育竞赛在高校体育文化建设中的应用价值及策略[J].文体用品与科技，2024（1）：34-36.

[5] 冯世勇.体育文化与实践研究[M].北京：中国政法大学出版社，2019.

[6] 冯伟，商继宇，刘俊平.高校校园体育文化建设与创新人才培养[J].体育科技，2023，44（3）：133-135.

[7] 高永艳，秦广久，赵杨，等.高校体育文化的发展现状与对策：以高校排球文化为例[J].山东商业职业技术学院学报，2024，24（3）：100.

[8] 桂海荣.高校体育文化建设与大学生思想政治教育的有机融合研究[J].运动精品，2021，40（11）：43，45.

[9] 郭亚琼.大学生体质健康现状与促进方式研究[J].普洱学院学报，2021，37（6）：58.

[10] 郭燕.新媒体时代体育文化建设研究[M].延吉：延边大学出版社，2021.

[11] 何宁宁，丁毅，刘晨曦，等.体育强国视域下中外体育文化比较[M].上海：东华大学出版社，2022.

[12] 何袁，张建.健康中国视域下大学生体育生活化培养困境与路径研究[J].当代体育科技，2024，14（30）：166-169.

[13] 李红. 探究互联网体育健身 APP 服务平台建设 [J]. 文体用品与科技, 2020（7）: 249.

[14] 李建花. 基于大数据背景的大学生体质健康发展策略研究 [J]. 当代体育科技, 2022, 12（29）: 153.

[15] 林礼. 高校体育社团与校园体育文化建设互动模式构建 [J]. 文体用品与科技, 2022（15）: 142-144.

[16] 刘会平, 谢旭东. 课程思政视域下大学生体育与健康核心素养提升的价值探索与实践创新 [J]. 南京体育学院学报, 2021, 20（6）: 1-4.

[17] 刘宁凌, 张全全, 廖思冈. 高校体育文化记忆的活态传承研究 [J]. 当代体育科技, 2024, 14（25）: 133-136.

[18] 刘湘溶. 体育文化建设六论 [M]. 长沙: 湖南师范大学出版社, 2022.

[19] 刘雪薇. 论高校体育文化与大学生思想政治教育的有机融合 [J]. 高教学刊, 2020（6）: 159-161.

[20] 刘义红. 高中体育教学中终身体育意识的培养策略 [J]. 田径, 2022（6）: 68.

[21] 刘玉海. 体育教学中耐力素质的练习 [J]. 华北煤炭医学院学报, 2001, 3（3）: 378.

[22] 陆盛华. 传统体育文化发展研究 [M]. 北京: 华文出版社, 2021.

[23] 沙茜. 体育教学与体育文化融合研究 [M]. 北京: 北京工业大学出版社, 2021.

[24] 汤万松. 人本关怀下的体育课程改革研究 [M]. 长沙: 湖南人民出版社, 2023.

[25] 唐元超, 蒋东升, 吴健俊. 新时代高校体育精神文化的内涵、特点和提升路径 [J]. 天津中德应用技术大学学报, 2021（5）: 111.

[26] 田华. 民俗体育文化研究与探索 [M]. 长春: 吉林文史出版社, 2021.

[27] 王国荣, 王冰艳, 李伦澎. 新媒体环境下高校体育文化传播方法分析 [J]. 文体用品与科技, 2024（6）: 135-137.

[28] 王俊. 现代大学生体质健康研究与促进指导 [M]. 长春: 吉林文史出版社, 2017.

[29] 王磊. 大学生体质健康实测分析与提升对策研究 [J]. 当代体育科技, 2022, 12（21）: 48-51.

[30] 王磊磊. 大学生体质健康发展与干预策略研究 [M]. 延吉: 延边大学出版社,

2017.

[31] 王姝雅，张博. 基于生命周期理论的舆情演化研究综述 [J]. 新媒体研究，2022，8（23）：6.

[32] 王昕光，赵云鹏，吴伟. 传统体育文化研究 [M]. 太原：山西经济出版社，2020.

[33] 席月亮. 高校体育文化与中华体育精神融合研究 [J]. 当代体育科技，2023，13（33）：131-133.

[34] 肖艳丽，臧科运，薛敏. 我国体育课程价值取向研究 [M]. 西安：陕西科学技术出版社，2020.

[35] 辛利. 体育课程教学理论与方法 [M]. 广州：广东高等教育出版社，2019.

[36] 徐囡囡. 力量素质训练的专项化探讨 [J]. 沈阳体育学院学报，2008，27（5）：112.

[37] 徐文杰. 文化视域下中华民族传统体育与高校体育的融合分析 [J]. 大众标准化，2021（18）：140-142.

[38] 薛清. 新媒体环境下高校体育文化传播促进策略研究 [D]. 哈尔滨：哈尔滨师范大学，2021.

[39] 闫超飞. 大学生群体体育文化的圈层化传播研究 [D]. 重庆：重庆工商大学，2022.

[40] 闫鹏旗. 新媒体视域下高校体育文化传播途径分析 [J]. 农家参谋，2020（19）：258.

[41] 杨玉功. 高校体育文化与校园文化的关联及互动机制研究 [J]. 南阳理工学院学报，2018，10（1）：83-86.

[42] 叶荔辉. 高校"网络圈群"舆论引导的困境及路径 [J]. 思想教育研究，2018（1）：135.

[43] 叶清. 体育强国战略下高校体育文化建设研究 [J]. 辽宁经济职业技术学院. 辽宁经济管理干部学院学报，2024（5）：56.

[44] 易礼舟，戴彬. 大学生体育与健康 [M]. 重庆：重庆大学出版社，2018.

[45] 于曦. 生态体育视野下高校校园体育文化体系构建研究 [D]. 牡丹江：牡丹江师范学院，2014.

[46] 张佃波. 体育强国战略下我国体育文化的重塑与发展研究 [M]. 长春：吉林出版集团股份有限公司，2022.

[47] 张玲，李君雨. 大学生体育锻炼行为的影响因素分析 [J]. 福建技术师范学院学报，2022，40（5）：585.

[48] 赵志星，高源. 校园体育文化对大学生健康意识形成的影响探讨 [J]. 青少年体育，2020（12）：34-35.